합격하는 사람은

단순하게

공 부 합 니 다

게임폐인에서 의대생이 된
인생역전 공부법

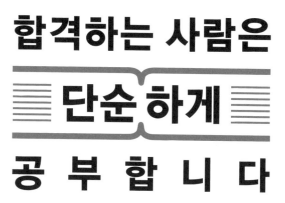

합격하는 사람은
단순 하게
공 부 합 니 다

두유공신 이원엽 지음

디선
에듀

노답 인생을 뒤바꿔놓은
인생역전 '생각 공부법'

못말리게
가난한 집 아이

십대 시절, 우리 집은 너무 가난했다. 급식비에 학생회비를 낼 돈도 없었고 수학 여행은 꿈도 못 꿀 일이었다. 추운 겨울, 가스비를 내지 못해 가스가 끊긴 탓에 버너에 물을 데워 써야 할 정도였고, 전기가 끊기는 일도 많았다. 부모님들이 그렇게 뜯어말리시는 PC방도 돈이 있는 아이들이 갈 수 있는 곳이라는 사실을, 또 돈이 없으면 노는 것도 어렵다는 사실을 중학교 때 이미 깨달았다.

1년간 재수를 하기 위해 내 손안에 쥔 돈은 독서실 총무 아르바이트를 하면서 모은 100만 원이 전부. 재수 1년을 이

100만원으로 버텨야 했기에 한 달에 10만 원도 안 되는 돈, 즉 하루에 3000원으로 버티며 공부했다. 식비를 줄이기 위해 5개월 간 점심에 두유 2팩, 저녁에 두유 2팩으로 버티며 15시간을 공부했고, 제일 싼 모나미 펜, 큼지막한 점보 지우개를 학용품으로 삼았으며 도서관에서 나오는 이면지를 모아 연습장을 대신했다.

이런 상황에서 돈을 주고 교재를 산다는 것은 꿈도 못 꿀 일이었다. 교과서에 형, 누나가 물려준 문제집을 교재 삼았고, 매일을 새하얀 종이를 손글씨로 빽빽히 채우며 공부했다.

이 정도 고생이면 당연히 합격이라는 결과가 주어져야 하는 것 아닌가? 웬걸, 세상에서 나는 또 한번 보기 좋게 미끌어졌고 공부라는 놈은 양치기로는 절대 정복할 수 없는 상대임을 뒤통수를 얻어 맞고서야 깨달았다.

눈물 나는 공부는 삼수 시절에도 계속되었다. 생활비 대출로 받은 150만 원으로 1년을 버티고 원서비까지 마련해야 했기에 팍팍하기는 재수 생활 못지 않았다. 문제집 한 권을 살 돈이 없어 온라인에서 무료로 다운받을 수 있는 것들만 골라 직접 문제집을 만들었다. 그마저도 답 풀이를 담은 해설지는 구할 수 없어 교과서로 직접 해실지를 만늘었다. 당시에는 문제를 틀렸는데도 왜 틀렸는지를 알 수 없는 내 사정이 그저 답

답하기만 했다. 하지만 돌이켜 보면 이렇게 해설지 하나 살 수 없는 힘든 상황이 '단순하게 공부하는 법'에 눈을 뜨게 했으니 고마운 일이다.

삼수 끝에 내 통장에 남은 잔고는 딱 2만 원. 그리고 나는 이 2만 원과 함께 치대 합격증을 손에 쥐게 되었다. 합격, 드디어 합격이었다!

반드시 답을 찾는
생각 공부법

나는 이 책에 두 가지 메시지를 담고 싶었다.

하나, 하루 15시간씩 1년을 해도 안되던 공부를 6시간으로 줄였는데도 6개월 만에 합격하게 된 공부 방법을 여러분에게 전해드리기 위해서다.

흔히들 공부는 엉덩이로 하는 것이라 말하지만 알고 보니 공부는 깜지의 양도 시간의 양도 아니었다. 하나의 질문을 던진 후 꼬리에 꼬리를 물고 얼마나 끈질기게 묻고 답하느냐, 즉 공부는 '질문의 양'이자 '생각의 양'이었다. 결국 합격은 엄청난 교재가 필요한 것도 아니었고 인강이나 과외 등 특별한 커리큘럼이 있어야만 성공하는 거창한 무엇이 아니었다. 교과서를 통해 기본적인 것들을 놓치지 않을 때, 남들과 경쟁하는 것이 아니라 스스로 부족한 약점을 알고 채울 때, 그 단순한 원리를 실천할 때 합격은 가까워지는 것이었다. 공부의 단순한 진실을 깨닫고 난 후, 나는 3개월 만에 4등급에서 1등급으로 비약적인 성적 성장을 거쳐 6개월 만에 합격하게 되었다.

이것은 조금도 과장을 보태지 않은 사실이고 내가 바로 이 '생각 공부법'의 증인이다. 공부에 어려움을 겪고 있는 분들을 위해 그 공부법을 세세히 수록했으니 이대로 실천해보시라고 감히 권해드리고 싶다.

둘, 공부에 대한 열정을 가지고 있으면서도 여러가지 형편상의 이유로 공부하기 힘든 분들, 공부에 도전할 용기를 내지 못하는 분들, 공부라면 이미 늦었다고 포기하신 분들이 많다. 그런 분들에게 용기와 희망을 전해드리고 싶다.

집안 형편이 어려웠고 실패할 때마다 PC방을 찾을 만큼 게임폐인이었던 나도 공부 꿈을 이룰 수 있었다. 내가 해낸 만큼 여러분도 충분히 할 수 있고, 그 방법은 생각 공부법이라면 충분하다.

공부를 도구 삼아
세상에서 꿈을 펼치시길

내 이런 공부 이야기가 공부의
신 강성태 대표의 유튜브 채널 '공신닷컴'에 공개된 적이 있
다. 그때 5개월간 두유만 먹고 공부했다는 데서 따 '두유공신'
이라는 별명도 갖게 되었다. 두유를 먹고 공부한 내 사연이 담
겨 있고 또 어디서도 들어본 적 없는 별명이라 내 마음에도 쏙
든다.

이 영상이 유튜브에 올라오자 수험생들 사이에서는 이야
깃거리가 되기도 했다. "뭘 해도 될 놈이다", "이런 분이 성공
해야 한다"며 분에 넘치는 응원과 격려의 말씀을 많이 보내주
셨다. 특히 "출판사는 뭐하냐, 이 사람의 풀스토리가 궁금하니
책을 내 달라"는 분도 계셨는데, 마침 이를 본 출판사에서 연
락이 와 이렇게 책까지 내게 되었다.

그래서 나의 공부 이야기를 담은 책을 세상에 내놓지만,
나는 아직도 이 사실이 믿기지 않는다. 그럼에도 내가 이 원고
를 끝까지 쓴 이유는 일종의 책임감 때문이다. 마치 험한 산을
올라가면서 발을 헛디뎠던 사람이 뒤따라오는 사람들에게 "이
길은 위험하니 저 길로 오세요"라고 말을 건네는 마음 정도라
고 생각해주시면 좋겠다. 그러니 수험생분들에게 내 이야기를

자랑처럼 늘어놓거나 가르치려는 마음은 전혀 아니다. 그저 '내가 공부라는 것을 해도 되나?' 하는 의문이 들 만큼 만만치 않은 상황 속에서 공부를 해본 사람으로서의 의무감 같은 것이다.

우리가 가끔 잊어버리는 사실이 있다. 공부는 목표가 아니라 도구여야 한다는 사실 말이다. 내 꿈의 종착지가 어딘지는 모르지만, 내게 공부는 목표를 이루기 위한 과정이다.

공부를 하기 전 여러분이 공부를 잘하려고 하는 이유가 무엇인지, 공부를 통해 여러분 삶을 어떻게 바꾸고 싶은지 생각해보았나? 공부가 꿈을 향해 나아가는 도구라면 너무 오래 붙잡고 있으면 안 된다. 이번 기회에 이 공부를 완전히 정복해 여러분의 목표에 한발 더 다가가야 한다.

지금부터 우리는 내가 어떻게 생각 공부법을 통해 공부라는 놈을 정복하게 되었는지를 알아볼 것이다. 공부를 자기 편으로 만들어보라. 그러고 나면 성적이 달라지고 이를 발판 삼아 여러분이 삶을 주도적으로 이끌어나가는 경험을 하게 될 것이다. 지금부터 함께 가보자!

이원엽

Contents

Part 1

게임 폐인, 공부를 정복하다

Part 2

합격으로 가는 아주 단순한
5단계 생각 공부법

Part 3

합격으로 가는 아주 단순한
공부 마인드 17

Part 4

삼수생 입시 루저, 공부로 구원받다

Part 1

게임 폐인,
공부를 정복하다

be 동사도 모르는
고등학생

공부를 왜 해야 하는지
모르던 아이

I am a girl. You are a boy.

중학교만 나왔다면 누구나 안다는 기초 영어 문장이다. 이 문장에 등장하는 'am'이나 'are'이 '~이다', '~있다'라는 뜻을 가진 be 동사의 변형이란 점을 아마 여러분은 다 알고 있을 것이나. 그러나 나는 고등학교 1학년 1학기 영어 시간이 되어서야 내가 be 동사도 모른다는 사실을 깨달았다.

순간, '그동안 내가 치러 온 영어 시험이 도대체 몇 번인데 나는 도대체 어떻게 영어 시험을 봐왔던 거지?' 하는 의문도 들었다. 그래서 내 지난 시간을 반추해보았더니, 그동안 나는 그나마 알고 있던 단어 몇 개로 문장의 뜻을 더듬더듬 짜맞춰 문제를 풀어왔다. 아니, 사실상 찍었다는 표현이 정확하다. 운 좋으면 맞히는 정도로.

be 동사도 모르는데 수업을 알아들을 수나 있었겠는가. 중학교 때야 찍어서 맞추고 또 무작정 외워서 위기를 넘길 수 있다지만 고등학교에 들어가자, 더 이상 이 방법은 통하지 않았고 점차 한계가 드러났다. 고2가 되자 안 그래도 취약했던 영어는 나를 가장 괴롭히는 과목이 되었다.

설상가상으로 학교에서는 수준별 영어 수업을 진행했는데 나는 당연히 하위권 반에 들어가게 되었고, 수업에 집중하지 못하는 건 물론 성적이 거기서 거기인 옆자리 친구와 떠들다가 벌을 받기 일쑤였다. 덕분에 고등학교를 졸업할 때까지 영어는 늘 하위권 반에서 벗어나지 못했다.

한 가지 다행이라면 내가 수학은 좋아했다는 거다. 고 2 때 담임선생님이 수학 선생님이셨는데, 이 선생님이 수학을 가르쳐 주시는 방법은 좀 남달랐다. '동전 두 개를 던졌을 때 하나는 앞면, 하나는 뒷면이 나올 확률은 얼마일까?'라는 문제가 있다면, 일단 '왜 우리는 동전을 던질까'라는 질문부터 먼저 던지셨다. 그 외에 '수학은 왜 존재하는가', '무한대는 얼마나 클까?', '허수는 왜 상상 속에서만 존재하는 수일까?' 등 어떤 개념을 설명하시기 전에 질문으로 항상 시작하셨다. 그렇게 꼬리에 꼬리를 물어 답을 찾아내는 방식이 내 호기심을 자극했다.

지금도 그렇듯 나는 원래 '왜'라는 물음표의 대답을 찾지 못하면 한 발짝도 움직이지 않는 고집스러운 면이 있다. 이 선생님의 수업 방식을 통해 다행히도 수학이 왜 필요한지, 어떻게 적용되는지, 어떻게 다른 문제와 연결되는지를 배우게 되었기에 수학에 대한 재미는 놓치지 않았다.

그렇다고 하더라도 수학은 무척 어려웠고 영어도 마찬가지였다. 딱 그냥저냥, 가끔 운이 좋아 성적이 잘 나온 적도 있지만, 대개는 모든 과목 성적이 들쑥날쑥했다.

무작정
외우기만 하던 바보

시험 성적이 낮았지만, 학창시절 내내 마냥 놀았냐고 한다면 그건 좀 억울하다. 내가 아무런 노력도 하지 않은 건 아니기 때문이다.

중학생 때는 손에 익을 정도로 교과서 내용을 모조리 몇 번씩 베껴 쓰며 공부했다. 그 덕에 중간은 놓치지 않았다. 고등학교 때도 이 방법을 써서 교과서를 몇 번이나 베껴 가며 공부했다. 그런데 이상하게도 중학생 때와 달리 그 방법이 더는 통하지 않았다. 그만큼 고등학교 공부는 중학교 공부와는 차원이 달랐다.

도대체 내가 왜 이 공부를 해야 하는지 제대로 깨닫지 못한 채로는 아무리 교과서를 달달 외워봐도 아무것도 머릿속에 들어오지 않았다. 게다가 수학 공식 하나를 무작정 외웠다 한들 실전에서 써 먹는 데도 한계가 있었다. 그 공식에 대한 이해를 바탕으로 하지 않았기에 정작 시험에서는 어디에 어떻게 적용해야 할지 헷갈렸다. 체계적이지 않은 공부는 계속 허공에 대고 헛발질을 하는 느낌이었고 나는 공부와 멀어졌다.

그만큼 나는 참 대책 없는 고등학생이었다.

뒤죽박죽 사춘기

빠져나올 수 없는
게임의 맛

내가 대책 없는 학창 시절을 보낸 데는 나름의 사연이 있다. 우리 집은 너무 가난해 급식비를 못 내는 일도 많았고 수학여행을 가본 적도 없다.

초등학생 시절, 내 삶의 낙은 집에 있는 고물 컴퓨터로 게임을 하는 것이었다. 간단한 게임만 간신히 돌아가는 이 컴퓨터로 나는 인생 처음 '게임의 맛'을 알았다. 한창 놀기 좋아하는 남자아이 둘이 있는 집은 어떨까? 그때부터 컴퓨터를 둘러싼 형과의 난투극이 종종 벌어졌다. 그 싸움에서 지는 날이면 나는 어쩌다 생기는 용돈을 모아둔 저금통을 털어 50원짜리 동전 두어 개를 손에 쥐고는 집 앞 구멍가게로 향했다. 거기서 '철권'이라는 전자오락기에 신나게 빠져들었고 게임을 하다 돈이 떨어지면 옆에서 훈수를 두면서 날이 저물 때까지 시간을 보냈다.

중1 2학기가 중반을 넘어갈 즈음, 나는 처음으로 PC방에 발을 들이게 되었다. 당시 나의 용돈은 한 달에 5천 원, 그러니 하루에 200원도 못되는 돈이었다. 아무리 중학생이라 해도 너무 적은 액수였다. 이렇게 늘 돈이 충분하지 않았기에 친구들의 눈치를 살피며 함께 PC방에 다녔다.

그러다 동네에 한 시간에 500원 하는 PC방이 생기자 나는 학교를 마치면 자연스레 PC방으로 발걸음했다. 게임 맛을 익히 알던 나에게 PC방은 헤어나올 수 없는 천국과 같았다.

내 게임 사랑은 고등학교에 가서도 계속되었다. 지금 생각해보면 내가 게임방에 살다시피 했던 것은 일종의 도피와 같았다. 게임의 세계에서는 나는 꽤 유능한 유저였으니까. 찌질한 이원엽으로 살지 않아도 되었기에 더 몰입했다.

그렇다고 매번 PC방에 갈 만큼 돈이 풍족했던 것은 아니어서 때론 무료 개방이던 도서관에 가서 책을 읽기도 했고, 시험 기간에는 벼락치기 공부도 반짝했다. 하지만 공부는 뒷전에, PC방만 들락거렸으니 성적은 늘 신통치 않았다.

교통사고까지
당하다니!

2009년 10월 말, 당시 중3이던 나는 학교가 끝나고 집으로 뛰어가는 길에 왼쪽 다리가 차에 부딪히면서 고꾸라지는 큰 사고를 당했다. 순식간에 일어난 일이었다. 눈을 떠보니 나는 길에 누워 있었고, 뒤따라온 친구들이 당황한 얼굴로 연신 괜찮으냐며 물었다. 곧바로 구급차에 실려 응급실에 도착했고 놀라 달려온 어머니가 날 붙잡고 엉엉 울고 계셨다. 사실 그때까지만 해도 괜찮았다. 이상하게 아프지도 않았다.

그러나 약 1시간 반쯤 지나자 상황이 파악됐고 참을 수 없는 고통이 밀려왔다. 나는 큰 병원으로 옮겨졌고 부러진 다리에 철심을 박는 큰 수술을 받아야만 했다.

"아 뭐지? 교통사고까지 나다니, 진짜 대책 없는 중학생이네."

지지부진한 성적, 가난한 가정 형편, 그리고 교통사고까지… 어린 내 눈으로 보기에도 사춘기 내 인생은 '노답'이라는 말이 절로 나왔다.

이런 사고를 당했으니 학교는 당연히 가지 못했고 장기간 입원을 하게 됐다. 그때 나의 일과는 병원 맞은편에 있는 동사무소에서 만화책을 빌려 보거나, 아버지가 몰래 주시는 잔돈을 모아 또 PC방에 가는 게 전부였다. 이 아픈 와중에도 병원복을 입고 목발을 짚으며 PC방에 들락거렸으니 내 게임 사랑은 누구도 못 말리는 지경이었다. 병원에 입원해 있느라 중학교 마지막 기말고사도 치르지 못한 채 어느덧 겨울방학이 시작되었고, 해가 바뀌어 고등학교도 배정받게 되었다.

'이제는 대학이라는 것도 생각해야 하는 만큼 열심히 공부해보자.'

고등학생이 된다는 생각에 긴장도 되고 공부에 대한 포부가 살짝 생기기도 했다.

그런데 역시 인생은 생각대로 흘러가지 않는 놈이다. 중학교 졸업식 이틀 뒤, 다리가 낫기는커녕 점점 고통이 심해지고 걸을 때마다 열이 올랐다. 심지어 물집이 다리를 빼곡히 채우기까지 했다. 그 길로 병원에 다시 입원했고 CT를 찍은 결과 재수술 판정을 받았다. 부러진 다리에 뼈가 채워져야 하는데, 뼈 대신 염증과 고름이 생겼다는 것이다.

정말 억울했다. '석 달만 고생하면 나아질 거라는 믿음으로 견뎌왔는데 다시 원점으로 돌아가야 한다니, 이제 고등학교도 가야 하는데…'

두려움과 불안이 밀려왔다. 아, 진짜 열일곱 내 인생은 왜 이렇게 되는 일이 없지? 뒤로 넘어져도 코가 깨진다는 얘기가 나를 두고 한 말인가? 진정 뒤죽박죽 사춘기였다.

어라? 왜 갑자기
공부가 하고 싶어지지?

놀라운
책의 세계

그때 내가 고3 말에 일어날 사건을 미리 알았더라면 그렇게 시간을 허비하지 않았을까?

고등학교 입학식은커녕 나는 4월 중순이 되어서야 첫 고교생활을 시작하게 되었다. '남들보다 늦게 출발한 만큼 열심히 공부해야지' 하고 마음먹었을까? 아니다. 그보다는 출발부터 늦었으니 공부를 못하는 건 당연하다고 여기며 공부는 또

뒷전으로 물러났다.

이런 생각으로 고교 시절을 보내며 속수무책으로 고3을 맞이한 어느 날, 놀라운 일이 벌어졌다. 당시 방학 때면 하루 9시간씩 PC방에서 살던 나였지만 마음 한편에는 공부 잘하는 친구들을 부러워하는 마음이 있었다. 속으로 '한심한 이원엽'이라고 나를 욕하기도 했다. 하지만 왜 공부해야 하는지에 대한 답을 찾지 못한 나는 늘 붕 떠 있던 상태였다. 그런 내게 공부의 이유가 찾아온 셈이니 일대 사건이 확실했다.

이 사건에 대해 이야기하자면 어린 시절로 잠시 거슬러 올라가야 한다. 내 인생의 천만다행이랄까? 우리 어머니는 초등학생이 된 내게 용돈을 주는 대신 책을 읽게 하셨다. 당시 학습지 교사 일을 하시던 어머니가 출근하고, 중학생이던 형과 누나가 학교에 가면 나는 자연스럽게 혼자 집에 남았다. 초등학생인 아이가 홀로 집에서 할 수 있는 일이란 많지 않기에 하루하루가 늘 심심했다.

어느 날 어머니는 냉장고 문에 백지 한 장을 붙이시고는 용돈 지급의 규칙을 알리셨다.

- **책 한 권 ➜ 스티커 1개**
- **학습지 하나 ➜ 스티커 1개**

- 화장실 청소 한 번 → 스티커 5개
- 설거지 한 번 → 스티커 3개
- 스티커 30개를 모을 시 용돈 3천 원 지급

3천 원이라니! 당시 용돈이라는 게 없던 내게는 엄청난 돈이었다. 그때부터 누나와 나는 집에 돌아오면 즉시 책부터 잡았다. 우리 둘은 경쟁적으로 책 읽기를 시작했다. 책들은 모두 어머니가 일하시는 학습지 회사의 전집이었다.

처음에는 스티커 한 개를 받고자 시작한 일이었지만, 읽은 책이 점차 늘어갈수록 내 안에는 새로운 세계가 피어났다. 책을 펼치면 버스를 타고 여행을 가지 않아도, 특별한 이벤트 없이도 새로운 세계를 무궁무진하게 만날 수 있었으니까. 특히 책 속 인물들이 여러 사건을 겪으며 해결하는 이야기는 단숨에 나를 매료시켰다. 그들과 함께 기뻐하고 화내고, 때로는 감동을 느끼기도 했는데 그 순간이 참 좋았다. 마지막 페이지까지 읽고 난 뒤 어머니에게서 받는 스티커 한 개의 뿌듯함까지 더해 책을 둘러싼 기억들은 모두 좋은 추억이 되었다.

생각해보면 그때 나는 책이라는 둘도 없는 친구를 곁에 두게 되었고, 독서는 지금까지도 또 앞으로도 나 이원엽과 함께할 소중한 친구가 되었다.

공부의 불씨를
지피다

한참이 길어졌지만 이 책 읽는 습관이 바로 내가 공부의 이유를 찾는 실마리가 되어 주었다.

고3 여름방학, 그때도 나는 집에서 책을 읽고 있었다. 당시 읽었던 책은 인간의 노화에 관한 책이었다.

> "헬라세포는 무한히 살아서 증식하는 세포이다. 그 세포는 암세포이고, 암세포는 텔로머레이스에 의해 분열에 제한이 없는 세포이다."

이상하게도, 이 문장을 읽는데 가슴속에서 뜨거운 무엇인가가 솟구치는 기분이 들었다. 그간 수많은 책을 읽으며 주인공의 희로애락에 함께 오르락내리락했지만, 이 문장을 읽었을 때만큼 심장이 쿵쾅된 적은 없었다.

'인간의 노화를 연구하는 것은 가치 있는 일이겠구나!'

이어서 '누구나 건강하게 오래 사는 것을 꿈꾸니까 만

약 노화에 대해 많은 연구가 이뤄진다면 노화를 해결할 방법도 더 많이 발견될 것이다. 다만, 지금 그 해결책을 모르는 이유는 암이 바로 병이기 때문인데, 만약 암이 쉽게 치료될 수 있게 되면 그때부터는 암을 긍정적으로 활용할 수도 있을 테다….' 이런 생각들이 꼬리에 꼬리를 물고 이어졌다.

노화에 대한 생각은 곧 꿈의 시작점이 되었다.

'똑똑하고 잘난 사람들이 세상을 바꿔나간다지만, 누가 알아? 나같은 사람이 노화에 대한 해결책을 찾게 될지도! 내 생각 하나로 세상이 더 발전한다면 얼마나 좋을까?'

한번 자라난 생각은 남들이 찾지 못한 무엇을 발견하여 세상이 나아지는 데 보탬이 되는 사람이 되고 싶다는 열망으로 바뀌었다. 난생 처음으로 내가 '꿈'을 갖게 된 것이다. 그 꿈은 직업으로 따지면 과학자였겠지만, 사실 직업은 아무래도 상관이 없었다. 「질량 보존의 법칙」을 발표한 프랑스의 과학자 라부아지에도 직업은 공무원이었으니까.

"공부, 그래 나도 공부를 해보자."

그날 내 가슴이 꿈으로 요동치던 순간을 잊을 수 없다. 그때 왜 그런 생각을 했는지도 지금도 정확히 설명할 수 없다. 어머니가 만들어주신 독서 습관이 내 안에 차곡차곡 쌓였고 그것이 지적인 호기심으로 나아간 것일까? 대학 입시를 채 몇 달도 남겨두지 않은 그때, 번쩍이는 꿈의 불꽃이 터진 것만은 확실하다.

덤벼라, 공부

첫 수능의
날카로운 추억

꿈이 공부 의욕에 불씨를 지폈다고 공부가 불같이 되는 건 아니다. 또 중고교 6년을 내리 놀아놓고 다짜고짜 수능 1등급을 바라는 것도 반칙이었다. 뒤늦게 꿈이라는 놈에게 뒤통수를 한 대 세게 얻어맞으며 정신을 차렸지만, 내 앞에 남아 있는 건 후회뿐인 지난 날들이었다.

PC방은 왜 그렇게 뻔질나게 들락거렸는지, 부모님이 푼

돈 모아 공부하라고 보내주신 독서실에서는 왜 진짜 독서만 했는지(어머니가 내게 "원엽아, 독서실은 진짜 독서를 하라고 가는 곳이 아니야."라고 말씀하신 적도 있었다). 허송세월한 시간에 대한 후회가 한꺼번에 몰려왔다. 그래도 언제까지고 자책만 할 순 없었다.

"그래 이렇게 된 이상, 최대한 빠르게 성적을 올릴 수 있는 과목부터 잡아보자."

고3 2학기, 상대적으로 점수를 빨리 올리기 쉬운 탐구 과목부터 붙잡았다. 국어, 수학, 영어는 단기간에 공부한다고 될 일이 아닐 거라는 생각이 들었다.

근데 뭘로 공부해야 하나? 나에게는 교과서 외에는 참고서나 문제집 같은 교재도 없었고 형편상 새 교재를 살 수도 없었다. 그래서 일단 교과서와 EBS 강의에 기대기로 했다. 그러다 마침 하굣길에 책방에서 과학탐구 기출문제집을 떨이로 파는 것을 보고 바로 구입했다. 돈이 생기면 PC방에 가기 바빴던 내가 문제집을 사다니, 놀랄 일이었다. 답 없는 현실을 애써 무시하는 것만이 답인 줄만 알았던 내가 터무니없더라도 꿈이라는 것을 맛보게 되자 몸이 먼저 움직이고 있었다. 공신닷컴의 강성태 공부멘토가 '미쳐야 공부'라고 한 말처럼, 수능을 앞둔 3개월은 정말 미친듯이 공부했다.

드디어 수능 날. '그래도 막바지 힘을 냈으니까 잘할 수 있을 거야'라는 마음과 '늦어도 너무 늦었지' 하는 마음이 뒤섞이어 머릿속이 복잡했다. 마음이 흔들리니 시험에 집중하기는 더 어려웠다. 3주 뒤, 받아본 성적표에는 1등급을 받은 과학탐구 외에 모두 보잘 것 없는 결과치가 적혀있었다. 그나마 탐구 과목 점수가 급격히 오른 게 다행이었지만 결론은 수능을 망친 것이었다.

수능을 보고 난 뒤, 집에 막무가내로 재수를 하겠다고 선언했다. 당연히 집에서는 달가워하지 않았다. 부모님은 없는 살림에 일이라도 일찍 배워 집에 보탬이 되기를 바라시며 극구 말리셨다. 그럼에도 나는 재수를 한다고 바득바득 우겼다. 재수해서 좋은 대학에 가지 못하면 안 한 것만 못하다는 생각을 했지만, 뒤늦게 찾아온 공부에 대한 열망은 걷잡을 수 없었다.

꿈이 생기자 그동안 나태하게 지냈던 나에게 너무 화가 났다. 만약 목표 의식 없이 아무것도 하지 않으면 언젠가는 반드시 후회하게 된다는 사실을 조금 더 일찍 알았다면 결과가 더 좋았을까? 하지만 후회는 늦었고, 그 점이 나를 더 힘들게

했다. 스스로가 부끄러워 차마 졸업식에도 갈 수 없었다. 나의
고등학교 시절은 날카로운 후회만을 남긴 채 끝이 났다.

이럴 수가,
재수 실패

"재수는 무슨 재수냐? 돈도 없는데."

　재수를 선포한 나에게 당시 가족들이 매일같이 했던 말
이다. 그런데 이 말이 내 귀에는 이렇게 들렸다.

　"꿈은 무슨 꿈이냐? 돈도 없는데."

　돈, 그놈의 돈이 문제라면 재수 기간을 버텨낼 돈을 벌 수
밖에 없지. 곧장 바로 아르바이트를 찾아 나섰다. 편의점, 배
달, PC방…. 수차례 면접을 봐도 나를 써주는 곳은 없었다. 당
시 패배감에 쩔어 있던 나는 사람의 눈을 마주치고 말하는 것
도 쉽지 않았고 말을 한다 해도 늘 우물쭈물거렸다. 어렵게 들
어간 편의점에서는 워낙에 일이 서툴고 어리바리해 반나절
만에 잘리기도 했다.

　2월이 되어, 우여곡절 끝에 독서실 총무 자리를 구했다.
월 25만 원 정도를 벌 수 있었고, 독서실도 할인된 가격으로

이용할 수 있어 내게는 행운이었다. 이곳에서 넉 달간 일하며 100만 원이라는 돈을 손에 쥐게 되었다. 이 돈으로 나는 길고 긴 재수를 시작했다.

나의 재수 시절에는 특별한 사연이 있다. 이 일이 공부의 신 유튜브에 소개되면서 '두유공신'이라는 별명도 얻게 되었는데, 바로 하루에 두유 4팩만으로 식사를 때우며 공부했다는 점이다!

여러분은 100만 원으로 1년을 살 수 있는가? 재수생 신분에서는 한 달을 살기에도 빠듯하다 생각될 것이다. 하지만 나는 100만 원으로 1년을 버텨내야만 했다.

당연히 모든 부분에서 역경에 부딪힐 수밖에 없었다. 새 교재는 꿈도 못 꾸고 교과서나 기출문제집을 보았다. 학용품은 제일 싼 모나미 볼펜으로, 연습장은 독서실에서 나오는 이면지를 주워다 사용했다. 수능을 치르고 난 뒤의 대학 원서비까지 생각하면 밥값마저 큰 부담거리였다. 그래서 나는 식비를 줄이기 위해 과감히 점심과 저녁을 각각 두유 2팩으로 때우기 시작했다. 하루에 두유 4팩으로 살아간 것이다.

잠깐, 여기서 왜 하필 '두유'냐고 궁금해할 수도 있겠다. 두유 역시 현실적인 선택이었다. 마침 신제품으로 나왔던 두유 제품이 있었는데, 다른 두유보다 세일을 많이 해서 60팩에

2만 원, 즉 2팩에 700원 꼴이었다. 하루 1500원이면 식사를 해결할 수 있다니! 게다가 식사 시간을 줄이고 공부 시간을 확보할 수 있으니 꽤 괜찮은 선택 같았다.

그런데 솔직히 말하면, 이건 일종의 정신 승리였다. 이 선택에는 낮아진 자존감이 숨어 있었다. 바득바득 우겨 재수를 시작했지만 성적은 좀체 오르지 않았다. 그런 내가 너무 싫었기에 나는 밥을 제대로 먹어서는 안 되고, 편해서도 안 되며, 고생을 해야 한다며 스스로를 옭아맸다. 이렇게 나는 식사도 챙기지 않고 스톱워치에 하루 15시간을 찍어 가며 손에는 물집이 잡힐 정도로 공부했다. 드디어 결전의 날, 죽기살기로 공부했지만 시험장으로 향하는 내 마음은 자신감 대신 불안함만 가득했다.

국어 2등급, 수학 3등급, 영어 4등급, 과학탐구 4등급.

재수를 하기 전과 비교해 별반 나아진 게 없는 성적 아닌가! 나는 보기 좋게 재수에 실패했다.

Story

5

합격, 합격이다!

반드시 답을 찾는
생각 공부법이란?

"이 정도로 공부했으면 합격해야 당연한 것 아닌가?"

"노력하는 자에게 합격이 따라온다고 하더니, 책에나 나오는 소리잖아!"

당시에는 세상이 너무 원망스럽고 늘 화가 났다. 이런 마음 상태로, 손에는 기대에 못 미치는 성적표를 들고 한 대학에

상향지원했고 운 좋게 입학까지 하게 되었다. 하지만 뜻하던 곳이 아니니 학교에는 잘 적응하지 못했고 또다시 PC방을 다니며 6월까지 시간을 보냈다.

이런 걸 '운명의 장난'이라고 하는 것일까? 당시에 학자금 대출로 받은 150만 원을 쪼개어 빠듯하게 생활하면서도 PC방을 다니고 있었다. 그런데 이 PC방이 시간당 500원에서 무려 2배 이상인 1300원으로 인상된다는 것이 아닌가! 아무리 허리띠를 졸라매도 1300원은 무리였다.

유일한 도피처였던 PC방마저 갈 수 없게 되자 나는 더 이상 숨을 곳이 없었다. 더 이상 도망칠 곳이 없어지자 오히려 뭉개고만 있던 문제가 떠올랐다.

"마지막이라고 생각하고 다시 한번 공부해보자."

나는 이렇게 반수를 시작하게 되었고 6개월 공부 후 '단국대 치대 합격'이라는 합격증을 손에 쥐게 되었다.

하루 15시간, 1년을 공부해도 안 되던 내가 어떻게 하루 6시간, 6개월 반수 만에 합격할 수 있었을까? 나의 성공적인 반수는 바로 꼬리에 꼬리를 무는 질문으로 반드시 답을 찾는 '생각 공부법'을 터득했기에 가능했다.

대학에 입학하고 입시 공부를 손에서 놓은 지 6개월이 흐른 6월. 다시 공부를 하려니 교재가 필요했다. 하지만 작년에 쓰던 기출문제집은 한 치 앞을 못 보고 수능 일주일 전에 다 버렸던 터라 새로 교재를 구해야 했다.

국가에서 받은 생활비 대출금으로 수능 후 원서비까지 마련해야 했기에 다시 문제집을 사기란 부담되었다. 고민 끝에 나는 문제집을 직접 만들기 시작했다. 한국교육과정평가원과 EBS, 사관학교 사이트에서 무료로 기출문제 PDF 파일을 다운받아 모을 수 있는 만큼 문제를 모았고 발품을 팔아 제일 싼 제본소를 찾았다. 그렇게 만든 문제집의 분량은 총 1000쪽에 달했으니 이만하면 공부할 양은 충분했다.

이걸로 공부는 시작했는데 얼마 안 가 심각한 장애물이 하나 있었다. 문제도 있고, 정답표도 있는데, 해설이 없는 것이었다! 해설이 없으면 생기는 애로 사항은 명확했다.

문제를 틀려도 내가 왜 틀렸는지 모른다는 것.

이건 수험생에게 꽤 난감하고 막막한 일이다. 일단 해설지를 구할 방법이 없으니 틀린 문제를 이해할 때까지 풀고 또 풀었다. 하지만 그래도 여전히 답을 알 수 없는 문제는 남아있었고, 해결책을 고민하던 끝에 굉장히 수고롭고 미련한 방법을 떠올리게 되었다.

'기왕 이렇게 된 거 해설지를 직접 쓰면서 왜 틀렸는지 스스로 알아내보자.'

교과서를 보면서 손수 해설지를 만들기로 한 것이다. 내가 갖고 있던 교재는 교과서가 유일했기 때문에 왜 틀렸는지를 알기 위해서는 오로지 교과서에 기댈 수밖에 없었다.

먼저 기출문제를 풀어본 뒤 틀린 문제가 있으면 교과서의 목차를 펼쳐 그 정답이 어느 단원과 관련이 있는지를 찾았다. 그리고 그 부분을 파고들어 개념부터 다시 정리했다. 만일 예전에 배운 내용을 함께 알아야 한다면 앞 단원으로 돌아가 기본부터 다시 익혔다. 몇 번 반복하며 틀린 문제의 해설지를 만들다 보니 자연스레 목차가 외워졌다. 그렇게 반수를 하는 내내 수능 기출문제와 사관학교 기출문제에 대한 해설지를 모조리 만들었다(이때 만든 해설지 중 일부는 한 문제집 사이트에서 개최하는 해설지 이벤트에 당선돼 문화상품권을 받은 일도 있었다).

이 이야기를 들으면 다들 어떻게 그럴 수 있느냐며 매우 놀란다. 그런데 사실 아무도 시도하지 않아서 그렇지, 해설지를 쓰는 건 생각보다 간편하다. 교과서에서 해당 부분을 찾고 개념에 개념을 찾아 정리하다 보면 누구나 스스로 해설을 쓸 수 있다. 안 풀리는 문제나 모르는 문제들 모두 조금만 더 고민해보면 그 문제에 활용해야 하는 개념이 반드시 보인다.

물론 이 공부법의 단점도 있다. '왜' 그렇게 풀어야 하는지 알아내는 데 시간이 꽤 오래 걸린다는 것. 하지만 왜 그렇게 풀어야 하는지 질문을 계속하면서 자문자답하면 머릿속에서 실마리가 보이기 시작한다. 이 내용을 왜 배워야 하는지, 왜 이 맥락에서 이런 문제가 나온 건지 생각이 확장되면서 마지막에는 반드시 답을 찾게 된다. 나는 해설지를 쓰면 쓸수록 마음속에 확신이 쌓여갔다.

'기출문제들은 교과서에 있는 개념들을 이리저리 꼬아놓은 것뿐이었어!'

삼반수 때가 되어서야 비로소 공부에 있어 매우 중요한 이 사실을 깨달았다. 답답했던 가슴 한구석이 뻥 뚫리고 공부에 새로운 눈이 뜨이는 듯했다. 그제야 재수 때 내 공부법에 어떤 문제점이 있었는지도 알게 되었다. 무엇이 부족한지도 모른 채, 즉 내 약점을 고민하지 않은 채 무작정 양에만 집중해 문제를 풀어나갔던 것. 노력하면 반드시 대가가 온다는 생각만 하고 고민의 과정 없이 무작정 공부한 게 패착이었다.

공부라는 놈은 생각보다 거창한 것이 아니다. 아무리 돈이 없어도 특별한 과외를 받지 않아도 무조건 엉덩이로 버티지 않아도 원리를 깨치면 잡을 수 있는 '단순'한 것이었다.

반수를 하면서 공부 실력이란 시간의 문제가 아니라 질문과 생각의 양에 달려 있음을 깨달았다. 그러자 나의 생각 공부법은 서서히 효능을 발휘하기 시작했다.

공부법이 단순해질수록 합격에 가까워진다

2학기가 시작되면서 휴학을 신청했고 생각 공부법을 터득하자 성적은 비약적으로 성장하기 시작했다. 불과 한두 달 전까지만 해도 틀린 문제의 이유를 찾는 데 한 시간이 넘게 걸렸던 내가, 이제는 문제를 보고 곧바로 핵심 개념이 무엇인지 확실하게 알아냈다. 물론 한눈에 알아채지 못하는 문제도 있었지만 몇 분만 더 고민하면 그 문제의 해결 방향을 파악할 수 있었다.

더운 날씨 때문에 공부하기 힘든 여름이 지나고, 드디어 9월 모의고사를 보게 되었다. 그리고 결과는 참으로 놀라웠다.

국어 1등급 (97점),

수학 1등급 (96점),

영어 2등급 (95점),

과학탐구 1등급 (화학 1등급 / 생명과학 2등급).

'이게 정말 내 점수야?' 살면서 감히 받을 수 있을 거라고 생각해본 적 없는 성적이었다. 특히 정말 취약했던 영어 과목에서 지금껏 받아본 적 없는 2등급이라는 숫자를 봤을 때는 전율이 일었다. 단순하게 교과서만을 활용하여 질문을 이어가면서 해설지를 만드는 생각 공부법을 실천한 지 3개월 만에 실력이 부쩍 향상된 것이다.

이렇게 틀린 문제들을 복기하면서 9월부터는 하던대로 단순하게 공부를 이어나갔다. 아침엔 국어, 오전 10시부터 점심때까지는 수학, 그리고 영어와 과학탐구 순으로 수능 시간표에 맞춰 과목 순서를 바꿔가며 공부했다. 정확히 시험 일정표에 맞추지는 못했지만 최대한 실전 상황을 염두에 두고 공부했다.

드디어 세 번째 수능 날.

"나는 그동안 더는 할 수 없다고 자신할 만큼 열심히 공부했다. 그래도 안 되는 것이라면 공부는 더 이상 내 길이 아니다. 실패한다 해도 복학한 뒤 또 다른 길을 찾으면 그만이다. 그러니 한 만큼만 최선을 다해 시험을 보고 나오자."

수능장으로 향하는 길, 재수 때 느꼈던 불안감은 사라지고 없었다. 그보다는 공부의 원리를 깨닫고 앎의 즐거움으로 공부했던 이 시간들이 고맙게만 느껴졌다(이런 마음으로 시험장으로 들어가는데 정문이 닫히기 10분 전, 지우개와 수정테이프를 안 가져온 것이 생각났다. 어리바리 이원엽이 어디 갈 리는 없었다. 다행히 서둘러 둘 다 구매했더니, 이번에는 가채점표를 붙일 풀을 가져오지 않았다는 것을 알게 되었다. 풀로 붙이지 않으면 부정행위로 간주되었기 때문에 꼭 챙겨야 했다. 그런데 무슨 배짱이었는지 국어 시험 20분 전에 나는 자 대신 주민등록증을 사용해서 수험표 뒤에 가채점표를 그리고 있었다. 그만큼 세 번째 수능에서는 긴장도가 좀 달랐다. 긴장감이 풀렸다고 할 만큼 불안과 초조 대신 편안한 마음에서 시험을 치렀다).

1교시 국어 시험. 문제를 다 풀고 나니 20분이 남았다. 문법에서 헷갈리는 문제가 있었지만, 답일 수밖에 없는 이유를 찾은 뒤 다시 한번 검토하자 확신이 섰다.

'이건 100점이다.'

2교시 수학 시험. 작년에는 시간이 부족해 답을 찍기도 했지만 이번엔 달랐다. 30번까지 다 푸는 데 걸린 시간은 총 35분. 65분이나 남았다는 사실에 나는 약간 멍해졌다. 교실 앞 시계와 내 탁상시계를 번갈아 보고 내린 결론은 하나였다. 그동안 실력이 많이 늘었다는 것. 남은 시간 동안 답안을 검토하자 수학 역시 100점일 수밖에 없다는 확신이 들었다.

점심시간이 끝나고 3교시 영어 시험. 영어는 내가 가장 취약했던 과목인 만큼 더욱 신중을 기했고 이제 마지막 4교시 탐구 시험만 남기고 있었다. 4교시 시험이 시작되자 나는 그동안의 노력이 보람으로 돌아오는 것 같아 철없이 살짝 들뜨기 시작했고, 졸음도 몰려왔다. 이렇게 긴장을 놓치자 속도 조절에 실패했고 마지막 10분 안에 5문제를 풀어야 하는 상황에 놓였다. 결국 2문제 정도를 찍어야만 했다.

시험장을 나오는데 두 눈에 눈물이 맺혔다. '이번엔 생각지도 못한 과학탐구 때문에 망하는 것인가'하는 생각도 들었다. 하지만 전반적으로 재수 때와는 다른 기분이었고, 이 눈물은 후회와 아쉬움이 아니라 확신과 후련함의 눈물이었다.

가채점 결과 예상대로 국어와 수학은 100점, 영어는 96점이었고 역시나 탐구 과목은 다른 과목에 비해 잘 보지 못했지만 96점.

만점에 가까웠지만 내가 원하던 대학에 합격하기엔 안정적 점수는 아니었다. 나는 결과를 깨끗이 인정하고 자리를 털고 일어났다.

얼마 후, 치대와 의대에서 합격 예비 번호를 받았다. 치대와 의대는 결원이 잘 생기지 않기에 결과를 낙관할 수만은 없었다. 그리고 2월의 어느 저녁, 한 통의 전화를 받게 되었다. 내가 치대에 추가 합격했다는 소식이었다!

합격, 드디어 합격이었다!

Part 2

합격으로 가는
아주 단순한
5단계 생각 공부법

공부의 단순함이란?

세상에는 정말 다양한 공부법이 있다. 공부하는 장소가 집이냐 독서실이냐 하는 장소론부터, 오답 노트를 쓰냐 마느냐 하는 방법론, 공부 시간이 하루에 열 시간인지 십 분인지를 따지는 시간론, 어떤 교재를 선택하는지가 당락을 가른다는 교재 선택론까지, 세상에는 이미 수없이 많은 합격을 위한 공부법이 존재한다.

그런데 이 중에 완벽한 정답이 있을까? 진짜로 시도만 하면 어떤 문제든 막힘없이 풀면서 성적이 퀀텀점프하는 공부법이 있을까? 나는 절대 아니라고 생각한다. 각자의 방법 자체가 잘못되었다는 게 아니다. 각각의 공부법이 지니는 장점은 분명히 있다. 다만, 반드시 알아야 할 '공부의 본질'을 모른 채로 무작정 공부에 덤빈다고 그 결말이 좋을 리 없다는 뜻이다.

무엇이든 본질을 알아야 정복할 수 있다. 여러분은 우리가 정복해야 하는 대상인 공부, 구체적으로 각 과목의 본질에 대해 질문해본 적이 있는가? 나는 두 번의 수능을 피눈물을 흘리며 망쳐본 뒤에야 이에 대해 질문하기 시작했고 끝내 그 답을 찾았다. 바로 공부의 본질은 '단순함'이라는 사실이다.

나의 공부 꿈을 이루게 한 '생각 공부법'은 두 가지 의미에서 단순했다.

하나, 공부 도구가 단순했다. 재수와 삼수 6개월 동안 교재라고는 교과서와 무료로 모은 기출문제집이 전부였다. 인강은 고사하고 학원과 과외 등 돈이 있어야만 가능한 수업 한번을 들을 여유가 없었다. 재수에서 실패하는 좌절의 시간도 있었지만 돌이켜보면 공부의 본질로 나아가는 과정의 시간이었다. 공부는 특별한 커리큘럼 없이도 기본적인 것들을 놓치지 않으면 도달할 수 있는 것이었다.

둘, 공부 마음도 단순했다. 사실 공부는 남들과 비교하고 경쟁할 필요가 없다. 점수를 올리는 가장 확실한 방법은 자신의 부족한 점을 알고 이를 채워나가는 거다. 완벽한 수준은 '결점'이 없는 상태이지, 무작정 남들보다 많이 쌓아나간다고 도달하는 것이 아니다. 그러니 공부의 기준점은 언제나 '나'다. 공부 약점은 본인이 가장 잘 알고, 그것을 해결할 수 있는 방법도 본인이 가장 잘 알 수밖에 없기 때문이다. 이런 공부의 원리를 알고 나면 남의 말에 휘둘릴 이유가 없고 남의 공부법을 무작정 따라 할 필요도 없다. 저절로 나를 위한 공부를 할 수밖에 없다.

공부에 있어 핵심은 '목표를 제대로 알고 자신의 약점을 제대로 파악해 단순하게 하는 것'이다. 더 구체적으로는 '나의 부족한 점을 채우는 것'이다. 결국 더 나은 상태가 되고자 하는 노력하는 마음이자 행동이다. 그러니 부족함을 소중히 생각하는 겸손한 태도만 갖추어도 성적은 향상될 수 있다. 결국 공부는 단순하게 시작해 겸손함으로 나아가는 과정이다.

학습 목표를 먼저 알라

첫째, 내가 공부해야 하는 이유, 즉 목표가 무엇인지를 먼저 생각해봐야 한다. 목표는 사람마다 다르고, 공부의 단계에 따라 달라질 수밖에 없다. 누군가는 내신에서 좋은 점수를 받는 것을 원하고, 고3 학생이라면 대학수학능력시험(이하 '수능')을 잘 보기를 원한다. 만약 공부를 처음 시작하는 사람이라면 공부 습관을 만드는 것을 원하겠지만 어느 정도 습관이 몸에 배면 어떠한 개념을 이해하는 것 자체가 목표가 될 수도 있다.

목표를 알았다면 그다음에는 무엇을 해야 할까? 목표를 이루기 위해 무엇을 해야 하는지를 생각해야 한다. 해야 하는 것 중에서도 '기본'이 무엇인지를 알아야 한다.

그렇다면 그 기본은 어떻게 알 수 있을까? 수능을 예로 들어보자. 혹시 수능을 출제하는 기관이 어디인지 알고 있는가? 바로 교육과정과 교육평가 방법에 관한 연구와 개발을 담당하는 정부출연의 전문 연구기관, 한국교육과정평가원(http://www.kice.re.kr)이고 여기서 '수능 대비 학습 방법'에 관한 내용을 찾을 수 있다.

만약 여러분이 국어를 공부한다고 가정해보자. 아마 대부분 국어 공부를 하면서 '국어에서 요구하는 능력'이 무엇일까에 대해 진지하게 생각해본 적은 없을 것이다. 다음 표에서 말하는 비문학, 문학, 문법을 공부할 때 필요한 능력과 행동영역을 보자.

어휘·개념은 정확하고 효과적인 어휘 사용 능력과 과목별 교육과정에 제시된 기본 개념의 이해 능력을 측정 요소로 한다. 어휘의 지시적·문맥적·비유적 의미를 이해하고 표현하는 능력, 문장과 문단의 의미가 분명하게 드러나도록 표현하는 능력뿐만 아니라 화법, 작문, 언어, 독서, 문학 영역의 기본 개념도 어휘·개념 영역에서 다루게 된다.

사실적 이해 사실적 이해란 언어로 표현된 말이나 글의 내용을 정확히 파악하고 이해하는 능력, 말이나 글에 담긴 정보 간의 관계를 파악하는 능력, 말이나 글의 조직과 구조를 파악하는 능력을 의미한다.

추론적 이해 추론적 이해란 말이나 글에서 직접 명시되지 않은 정보를 논리적으로 추론하는 능력, 내포적(함축적, 문맥적) 의미를 추론하는 능력, 전제나 논거를 추론하는 능력, 전후 관계를 추론하는 능력, 필자의 견해·주장·의도를 추론하는 능력을 의미한다.

비판적 이해 비판적 이해란 말이나 글의 내용을 비판적으로 이해하고 그 내용의 타당성·적절성·가치 및 우열에 대해 평가하며 문학 작품을 감상하고 평가하는 능력을 의미한다.

적용·창의 적용·창의란 창의적 사고를 바탕으로 말이나 글의 개념과 원리를 새로운 맥락에 적용 또는 활용하는 능력, 말이나 글의 생산을 위해 내용을 생성·조직·표현·수정하는 능력을 의미한다.

요약하면, 결국 국어 과목에서는 글을 읽고 글쓴이가 전달하고자 하는 내용을 이해하고 유추하는 능력, 그리고 비판하는 능력이 요구된다. 즉, 글을 잘 읽고 이 글을 글쓴이가 왜 썼는지 이해하는 것이 바로 국어의 기본이다.

따라서 국어 지문을 푸는 방법은 결국 한 가지로 귀결된다. '저자가 왜 이 글을 썼는지 이해하는 것.'

국어의 지문은 크게 문학과 비문학으로 나눌 수 있다. 이 중 특히 비문학의 중심 소재는 대부분의 학생이 잘 모르는 어려운 것이 많다.

여러분은 신채호의 '아(我)'라는 개념을 알기 힘들었을 것이고, 철학자 포퍼와 콰인이 주장하는 바에 대해서도 이해가 잘 안 될 것이다. 도대체 이렇게 어렵고 이해가 안 가는 글을 왜 쓰는 걸까? 그리고 왜 이런 지문을 우리가 공부해야 하는 걸까?

먼저 글을 쓰는 사람의 입장에서 한번 생각해보자. 이 글을 쓴 저자 또한 여러분이 이러한 내용을 안다고 생각하지 않았을 거다. 그 글을 쓴 목적이 새로운 소재와 개념에 대한 지식을 독자에게 전달해주기 위해서이기 때문이다. 그러므로 좋은 글이라면 반드시 독자에게 그 소재에 대한 지식을 쉽고 흥미롭게 전달해야 한다. 따라서 국어 과목에 나오는 비문학의 글은 서두에 독자가 글의 주제를 이해할 수 있도록 예시나 질문을 넣는 게 일반적이다.

이 글의 목적 자체가 지식을 알리는 데 있었다면, 이 지문을 읽는 사람은 '글의 처음에 있는 예시와 질문'을 통해 이 글에서 무엇을 얻을 수 있을지 예상할 수 있어야 한다. 그리고 이것은 수능에서 여러분에게 요구하는 능력과 맞닿아 있다. 이를 바탕으로 글의 주제와 내용을 정리하면 비문학이 왜 존재하는지 이해하게 된다.

이제 문학에 대해 알아보자. 문학은 저자의 생각과 느낌, 감정을 담은 글이다. 저자가 겪은 경험 또는 상상을 통해 창조한 인물과 세계 등이 문학을 이루는 요소가 될 수 있다. 그렇다면, 여러분은 문학을 읽을 때 작가가 담고자 했던 정서나 감정에 공감할 수 있어야 하고, 작가가 상상력을 통해 만들어낸 등장인물과 장면에 대해 여러분 역시 자신만의 상상력을 통해 상상하며 교감할 수 있어야 한다.

이것이 바로 문학과 비문학을 잘 읽기 위한 기본이자 목표이다. 그리고 이건 교과서의 학습 목표에도 쓰여 있다.

그렇다면, 수학의 기본은 무엇일까? 앞에서도 계속 강조해왔지만, 바로 교과서에서 소개하고 있는 기본 개념을 이해한 후, 그것을 통해 문제를 해결하는 방법을 찾고 실제로 해결할 줄 아는 것이다.

수능에서 영어 지문을 접할 때 우리가 생각해야 하는 기본은 '우리말로 해석을 해내는 것'이다. 해석을 할 수 있어야만 문제를 풀 수 있기 때문이다. 우리말과 영어의 차이점은 크게 두 가지가 있다. 문자 차이, 즉 한글과 알파벳의 차이, 그리고 문법의 차이가 있다. 즉, 해석이 안 된다면 단어에 대한 이해가 부족하거나 문법에 대한 지식에 문제가 있을 수 있다. 우리가 어차피 원어민 수준의 영어를 하는 게 목표가 아니기 때문에 단어와 문법만 어느 정도 알아도, 영어 독해는 극복이 가능하다.

정확한 목표 알기

이런 식으로 여러분이 어떤 것을 이룰 때는 반드시 그 목표를 이루기 위한 기본이 무엇인지부터 인지해야 한다. 예를 들어 도자기를 빚는 장인이 되고 싶다면, 도자기를 빚는 기본적인 방법을 알아야 할 것이다. 물론 만드는 동안 계속 실수하고 실패하겠지만, 그렇게 부족한 점은 개선해나가면서 점차 실력이 늘고 좀 더 나은 도자기를 만들 수 있게 되는 것이다. 우리가 하는 공부도 마찬가지이다. 계속해서 약점을 보완하고 개선해나가면서 문제를 맞힐 확률을 높여나가는 것이다.

게다가 수능의 경우 이렇게 교과서와 한국교육과정평가

원에서 방향을 제시해주기 때문에 목표를 이루기 위한 능력을 바로 알 수 있다. 만약 어떤 공부를 할 때 학습 목표와 기본이 무엇인지 바로 찾기 어렵다 해도, 결과적으로는 어떻게든 찾는 것이 유리하다. 이때는 선생님께 물어보거나, 그 공부를 먼저 했던 경험자에게 물어보거나, 책을 찾는 등 방법으로 목표에 대한 정보, 기본에 대한 정보를 최대한 찾아보자.

공부할 때는 목표를 막연한 허상으로 두지 않는 게 중요하다. 하나의 꿈을 이루기 위해서는 나의 시간과 에너지를 투자해야만 한다. 그런데 목표도 정확히 모르는 상태에서 어떻게 목표를 이루기 위해 필요한 것을 투자할 수 있을까? 반드시 목표를 정확히 알아야 하고, 목표를 이루기 위한 기본이 무엇인지 알아야 내가 나가야 하는 길이 명확히 보인다.

〈교육부가 고시한 각 과목의 학습 목표〉

국어
국어로 이루어지는 이해·표현 활동 및 문법과 문학의 본질을 이해하고, 의사소통이 이루어지는 맥락의 다양한 요소를 고려하여 품위 있고 개성 있는 국어를 사용하며, 국어문화를 향유하면서 국어의 발전과 국어문화 창조에 이바지하는 능력과 태도를 기른다.

수학

수학의 개념, 원리, 법칙을 이해하고 기능을 습득하며 수학적으로 추론하고 의사소통하는 능력을 길러, 생활 주변과 사회 및 자연 현상을 수학적으로 이해하고 문제를 합리적이고 창의적으로 해결하며, 수학 학습자로서 바람직한 태도와 실천 능력을 기른다.

영어

영어 교과는 학습자들의 영어 의사소통능력을 길러 주는 것을 총괄 목표로 삼으며 외국 문화의 올바른 이해를 바탕으로 한국 문화의 가치를 알고 상호적인 가치 인식을 통해서 국제적 안목과 세계 시민으로서의 기본 예절, 협동심 및 소양을 기르는 것이 목표다.

사회

사회과는 학생들이 민주 시민으로서의 자질을 함양할 수 있도록 사회현상에 관한 지식을 습득함은 물론, 지리, 역사 및 제반 사회과학의 기본 개념과 원리를 발견하고 탐구하는 능력을 익혀 우리 사회의 특징과 세계의 여러 모습을 종합적으로 이해하게 한다. 이를 통해 사회과는 개인의 발전은 물론, 사회, 국가, 인류의 발전에 기여할 수 있는 책임 있는 시민을 기른다.

과학

자연 현상과 사물에 대하여 호기심과 흥미를 가지고, 과학의 핵심 개념에 대한 이해와 탐구 능력의 함양을 통하여, 개인과 사회의 문제를 과학적이고 창의적으로 해결하기 위한 과학적 소양을 기른다.

약점을 파악하라

목표와 그 목표를 이루기 위한 기본을 알았다면 그다음에는 무엇을 해야 할까? 말 그대로 공부를 해야 한다.

그렇다면, 공부를 어떻게 해야 하는지 생각해야 한다. 공부의 공략 포인트는 무엇일까? 지금 돌아보면 재수생 시절에 이 단계를 거치지 않았기 때문에 이미 애초부터 실패할 수밖에 없는 선택을 했다고 생각한다.

공부에서 가장 중요한 점은 바로 본인의 현 상황을 직시하는 것이다. 다시 말해 현재 나의 능력이 목표와 얼마큼 차이가 있는지를 알아야 한다. 한마디로 '내가 무엇을 모르는지'를 알아야만 그것을 개선할 수 있다. 이건 공부에 있어 가장 중요한 단계이기도 하다. 공부를 잘하고 싶다면 반드시 자기 자신의 현재 위치에 대해 잘 알아야 한다. 내가 어떤 것이 부족한지를 반드시 객관적으로 보아야 한다.

약점을 알려주는 단서, 오답

많은 학생이 오답노트를 썼는지 질문한다. 실제로 대부분의 학생들이 오답노트에 정리하면서도 자신이 제대로 쓰고 있는 건지, 이게 효과가 있는 건지 끊임없이 의심한다. 그럴 때는 한번 자신에게 물어보자. 도대체 오답노트는 왜 쓰는 걸까?

오답노트를 쓰는 이유는 나의 부족한 점을 알기 위해서다. 즉, 그 오답이 자신의 약점을 알려주는 단서이기 때문이다. 그리고 틀린 문제를 다시 틀릴 확률이 맞힌 문제를 다시 맞힐 확률보다 높기에 이것들을 계속 보고 곱씹으면서 똑같은 실수를 하지 않기 위해 오답노트를 정리하는 것이다.

하지만 나는 오답노트를 정리하지 않았다. 대신 오답을 죽어라 다시 보았다. 그래서 가방엔 항상 책이 가득했고, 가방

끈이 끊어지고 망가지는 것도 다반사였다. 오답노트를 쓰지 않은 이유는 간단하다. 오답노트를 쓰는 이유는 많이 쓰기 위해서가 아니라 '많이 보기 위해서'이기 때문이다. 본질은 오답을 계속 보고 다시는 같은 실수를 안 하기 위한 것이므로, 오답노트 대신 이렇게 책 전체를 가지고 다니면서 봐도 무방하다 판단했다.

따라서 '오답노트를 써야 하나요?'라는 질문은 질문부터 틀렸다. 그 전에 '왜 오답노트를 써야 하는지'를 생각해야 한다. 만약 오답을 따로 노트에 정리해두는 게 본인에게 맞으면 오답노트를 쓰면 되고, 굳이 그렇게 하지 않아도 된다면 나처럼 오답을 계속 보는 식으로 오답노트를 대체할 수 있을 것이다.

푼 문제의 오답을 분석할 때 고려해야 하는 두 가지 질문을 다음과 같다.

첫째, '내가 왜 틀렸는가?'
둘째, '이 문제를 다시 보았을 때 맞히려면 무엇을 해야 하는가?'

이때 이 질문에 대한 답은 반드시 자신이 해야 한다. 개개인마다 능력과 이해도, 공부의 양 등이 천차만별이기 때문이다. 무작정 남들이 하는 공부를 따라가려 하지 말고, 만약 어떤 공부법이 좋아 보인다 해도 그 방법이 자신의 목표를 향해 가는 데 도움이 되는 방법인지를 스스로 확인해야 한다. 남이 아닌 자신에게 맞춰야만 약점을 채울 수 있다.

그러므로 내가 맞힌 것보다 '틀린 것'부터 공부해야 한다. 그리고 우리의 과제는 그 약한 부분을 목표에 맞게 채워나가는 것이다.

요약하면, 공부할 때 필요한 것은 두 가지이다.

1. *공부의 목표가 담긴 교과서 또는 교과서에 준하는 어떤 것*
2. *어떤 게 부족한지 알 수 있을 만한 문제집 또는 연습 도구*

이 두 가지가 준비되었다면 이것들을 이용해서 해야 하는 일은 네 가지로 요약된다.

1. *교과서를 이용해 학습 목표를 파악하고, 그 목표를 이루기 위한 방법을 정한다.*
2. *문제집을 풀면서 교과서에서 말해주는 방법대로 적용해본다.*
3. *틀린 부분을 파악한 후, 교과서의 관련 부분을 살펴보고 약점을 보완한다.*

4. 위의 세 가지를 단계를 반복한다.

공부란 건 그냥 나에게 부족한 부분을 채워나가면 된다. 따라서 '채워나가는 노력'을 많이 하면 된다. 만약 이때 필요한 게 계획이면 계획을 짜면 되고, 인터넷 강의이면 그것을 들으면 되고, 책이라면 책을 구해서 공부하면 된다.

공부에 있어 핵심은 '목표를 제대로 아는 것'과 '자기 자신을 제대로 아는 것'임을 기억하길 바란다.

교과서 목차를 뜯어보라

공부를 잘하는 학생에게 도대체 어떻게 하면 공부를 잘할 수 있는지 물어보면, 공통적으로 하는 말이 있다. 대부분 '기본'에 집중했다는 것이다. 물론 과외도 하고 학원도 다니는 친구가 많지만 대부분 '교과서가 가장 기본이다', '학교 수업에 충실했다'는 말을 많이 한다. 뭔가 특별한 대답을 원한 경우 '분명 다른 비결이 있는데, 말하지 않는 걸지도 몰라'라고 생각할지도 모른다.

히지민 실제로 성석을 잘 받는 학생들이 모두 이런 대답을 한다는 건 정말 그게 바로 '기본'이기 때문이다. 그럼에도 많은 수험생이 공부를 할수록 교과서를 보기보다 인강을 듣거나 문제집을 풀면서 '기본적인 개념만으로는 부족하며, 남들과는 다른 무언가가 있어야 한다'고 생각한다.

사실 '기본에 충실하는 것'이 문제를 끝없이 푸는 것보다 어렵다. 또, 기본에 충실하기 위해서는 문제를 풀 때도 반드시 기본적인 개념과 연결 짓고 그 문제의 의도를 찾아야 한다. 그리고 그와 관련된 내용은 교과서 어디에, 어느 단계에 있는 건지를 알아야 한다. 이렇게 남들보다 더 철저히 기본에 충실하면 된다. 이런 작업이야말로 실제로 하기 힘들다.

수능은 어렵게 생각하는 사람을 위한 시험이 아니다. 교과 과정의 기본에 충실한 사람, 쉽게 생각하는 사람을 위한 시험이다. 수능에 나오는 개념들은 대학교 과정에서 배우는 것들이 아니다. 우리가 이미 학교에서 배웠던 교과서 속에 있다. 따라서 교과서에는 없는 개념이나 공식을 외우는 게 아니라, 교과서의 해당 부분을 계속 깊이 파고들어야 한다. 그래서 힘들고, 그래서 지루하다.

그렇기에 평범한 사람이든 특별한 사람이든 상관없이 공부의 기본과 본질이 변하는 건 아니다. 그러므로 가장 정직하고 확실하게 공부하면 된다.

나의 약점을 채우기 위한
목차 공부법

그렇다면 내가 채워야 하는 개념을 교과서에서 찾을 때 어떻게 해야 할까? 이때 반드시 짚고 넘어가야 하는 게 있다. 바로 '목차'이다.

'목차 공부법'은 기본기를 탄탄하게 다지는 데 반드시 필요한 방법이다. 공부할 때 현재 부족한 점이 무엇인지 쉽게 알고 싶다면 반드시 목차를 보고 생각해봐라. 즉, 내가 목차에 있는 개념들을 정확하게 이해하고 있는지를 다시 한번 훑어보는 것을 말한다. 이 과정은 교과서를 볼 때마다 반드시 거쳐야 한다.

목차를 보는 방법은 다음과 같다.

1. *대단원의 제목(큰 제목)에 나와 있는 개념들이 갖고 있는 공통점은 무엇인가.*
2. *각 단원 안에서 소개하고 있는 세부적인 개념(소단원의 제목) 간의 차이점은 무엇이며, 각 개념의 특이한 점은 무엇인가.*
3. *(다시 대단원의 제목으로 돌아와서) 그 개념이 말하고 싶은 것이 무엇인가.*

예를 들어보겠다. 다음과 같은 고등학교 수학 교육과정을 담은 목차가 있다.

수학 문제를 풀었는데, 그것이 앞의 목차에서 '기하와 벡터' 단원과 관련된 문제라고 가정해보자. 그 안에는 '평면곡선, 평면벡터, 공간도형, 공간벡터' 이렇게 4개의 소단원이 있다. 그렇다면 내가 틀린 문제가 이 목차의 세부 내용 중에서 어느 단원의 어떤 개념과 관련된 것인지를 알아야 한다. 이런 식으로 먼저 내가 부족한 부분, 알아야 하는 부분이 수학 교과서의 어느 영역에 속해 있는지, 즉 '내가 알아야 하는 개념의 좌표'를 정확히 알기 위해서 목차를 봐야 한다.

그렇다면, 이제 해야 하는 건 무엇일까? 보통 여기까지 알고 나면, 대부분의 학생은 바로 '기하와 벡터' 부분을 펼쳐서 그 부분을 공부한다. 하지만 나의 경우 곧바로 기하와 벡터 단원을 공부하지 않았다. 그전에, 그 전 단원에서 소개하고 있는 개념과 그 후에 나오는 개념 간의 연결고리를 먼저 고민했다. 다시 말해, 그 이전 단원에서 소개하고 있는 '미적분'의 개념, 그리고 기하와 벡터, 그다음 '확률과 통계'가 각각 어떤 개념에 대해서 이야기하는 건지를 짚고, 그다음 미적분이나 확률과 통계와는 다른 기하와 벡터 과목의 특징이 무엇인지를 생각했다.

'수학2부터 미적분2까지는 함수에 대해서 배웠어. 이제는 그래프를 그리거나 함수의 특징을 찾아내는 건 할 수 있을 것 같아. 그럼, 기하와 벡터는 어떤 과목일까? [기하 + 벡터] 겠지? 이차곡선은 앞에서 배운 함수와는 달라. 함수가 아니거든, 그래서 이차곡선에서는 도형의 성질을 강조했었어. 그렇다면 앞으로도 도형의 성질을 강조하겠네.

그럼 벡터는 왜 필요할까? 벡터는 도형을 나타낼 수 있을까? 전에 수학1에서 배운 평면의 방정식과 관련이 있을까? 3단원 공간도형과 관계가 있을까?'

한마디로 한 과목의 목차는 어떤 것을 공부해야 하고 어떤 단계로 나아가야 하는지를 알려주는 '공부 지도'와 같다. 우리가 길을 찾을 때 지도를 보면서 그 지역의 위치를 이해하듯이, 공부를 할 때 내가 알고 싶은 부분이 있다면 그 개념이 전체 지도(목차)의 어디에 있으며, 그 부분은 어떤 내용을 담고 있는지를 알아야 한다.

이처럼 많은 학생이 그냥 지나치고 있는 교과서의 목차는 많은 정보를 담고 있다. 내가 교과서와 기본 개념을 완벽하게 마스터했다고 자부하려면, 반드시 목차에 있는 개념과 그 개념이 왜 필요한지 알아야 한다.

따라서 내가 어떤 개념을 완전히 숙지하고 있는지 아는

방법 또한 간단하다. 대단원을 보고 소단원의 내용이 무엇인지 떠올려봐라. 만약 바로 떠오르지 않는다면 그 개념에 대해 이해가 덜된 것이며, 그것이 바로 본인의 약점이라고 할 수 있다. 이것이 바로 목차를 자주 보는 게 효과적인 이유다.

질문으로
개념을 파고들라

공부라는 것 자체가 계속해서 부족한 부분을 채워나가는 과정이다. 이제 목표의 중요성, 목표를 이루기 위한 기본의 중요성, 나의 약점을 알고 그것이 교과서의 어느 영역에 속하는지를 아는 것의 중요성까지는 이해했을 것이다.

그렇다면 부족한 부분을 어떻게 채워나가야 할까? 매우 간단하다. 풀리지 않는 문제에 대해 스스로에게 계속해서 질문하면 된다. 공부의 양은 곧 생각의 양과 같고, 생각과 고민은 질문에서 나오기 때문이다.

모든 학습에서 질문하고 답하는 과정은 필수다. 공부를

하다 보면 모르는 게 반드시 나오고, 이때 질문을 던지게 되며, 그에 대한 답을 찾으면서 성적은 올라간다.

한 예를 보자.

역사가 신채호는 역사를 아(我)와 비아(非我)의 투쟁 과정이라고 정의한 바 있다. 그가 무장 투쟁의 필요성을 역설한 독립운동가이기도 했다는 사실 때문에, 그의 이러한 생각은 그를 투쟁만을 강조한 강경론자처럼 비춰지게 하곤 한다. 하지만 그는 식민지 민중과 제국주의 국가에서 제국주의를 반대하는 민중 간의 연대를 지향하기도 했다. 그의 사상에서 투쟁과 연대는 모순되지 않는 요소였던 것이다. 이를 바르게 이해하기 위해서는 그의 사상의 핵심 개념인 '아'를 정확하게 이해할 필요가 있다.

(하략)

2015학년도 수능 국어 영역 B형(홀수형) 17~20번 문항 지문

위 글은 2015학년도 수능 국어 영역에서 가장 높은 오답률을 기록했던 지문이다. 대부분 첫 줄에 나오는 '아'와 '비아'라는 개념을 잘 알지 못할 것이다.

첫 문단을 읽어보면 역사가 신채호는 역사를 아와 비아의 투쟁 과정이라 정의했기에 강경론자의 입장처럼 보일 수

있지만, 연대를 지향하기도 했다는 것을 알 수 있다. 글을 계속 읽으면서 나는 이런 질문을 던졌다.

'투쟁과 연대는 모순되지 않는 요소였던 것인데, 왜 그런 말을 할 수 있었을까?'

'아의 개념을 정확하게 이해할 필요가 있다고 하는데, 어떻게 저 모순점을 아의 개념으로 해석할 수 있을까?'

이 두 가지가 바로 내가 잘 모르는 부분이기에 이 글을 통해 이 질문에 대한 답을 정리하면 문제까지 해결할 수 있다. 이처럼 글을 읽을 때는 글쓴이가 의도한 질문을 스스로 만들고 지문을 통해 그 질문을 해결하는 방식으로 읽어야 한다.

그렇다면 질문은 어디에서 생길까? 바로 생소하고 낯선 것. 모순처럼 보이는 것과 이해되지 않는 것. 바로 이러한 지점에서 여러분이 해결해야 하는 물음표들이 탄생한다. 그러니 반드시 질문을 만들고 해결해야 한다. 물음표를 겁내지 않아야 한다. 물음표가 많아질수록 그만큼 자신의 실력도 향상되는 것이다.

적절하고 좋은 질문을 던지는 방법

어떤 학생은 지문을 읽어도 질문이 생기지 않는데 어떻게 하냐고 묻는다. 만약 지문에 있는 모든 내용을 완벽하게 알고 있는 상태라면 질문이 없을 수도 있다. 하지만 그러한 사전지식을 갖고 있는 사람이 얼마나 될까? 설령 사전지식이 있다고 해도 국어 과목에서 지문을 활용해 문제를 내는 이유는 지문의 소재에 대한 지식 그 자체를 알고 있는지를 시험하기 위해서가 아니라 저자의 의도를 정확히 간파했는가를 평가하기 위해서다.

질문이 없었다는 건, 다시 원점으로 돌아가 이 공부를 하는 이유, 즉 목표가 무엇인지 모르고 있기 때문일 가능성이 높다. 학습 목표가 명확하다면 문제를 풀 때 반드시 질문거리가 생길 수밖에 없다.

사실 모든 질문은 의미가 있지만 분명 그중에서도 좀 더 적절하고 좋은 질문이 있다. 그렇다면 무엇이 적절한 질문일까? 바로 '공부 목표와 일치하는 질문'이다.

목표를 이루기 위해서는 질문의 방향도 목표의 방향과

일치해야 한다. 예를 들어, 다음 문제들을 보면서 어떤 질문을 던지는 게 적절한지 살펴보자.

실수 전체의 집합에서 연속인 함수 $f(x)$가 다음 조건을 만족시킨다.

(가) $x \leq b$일 때, $f(x) = a(x-b)2^2 + c$이다. (단 a, b, c는 상수이다.)

(나) 모든 실수 x에 대하여 $f(x) = \int_0^x \sqrt{4 - 2f(t)}\, dt$이다.

$\int_0^6 f(x)dx = \dfrac{q}{p}$일 때, $p+q$의 값을 구하시오.
(단 p와 q는 서로소인 자연수이다.)

2016학년도 수능 수학 B형 30번 문항

이때 나는 이런 질문을 던졌다.

'적분은 연속함수에서만 가능해. 함수이려면, x값과 y값은 실수여야 하지. 그런데 루트 안의 수가 음수이면 실수가 아닌데 어떻게 해야 할까? $f(t)$는 2이하여야겠네!'

이 물음이 적절한 이유는 수학1의 좌표평면, 수학2의 무리함수, 적분의 정의와 미적분학의 기본 정리로 생각할 수 있는 질문이기 때문이다. 즉, 수학의 목표와 일맥상통한 질문인 것이다.

o＜t＜41인 실수 t에 대하여 곡선 $y=x^3+2x^2-15x+5$와 직선 $y=t$가 만나는 세 점 중에서 x좌표가 가장 큰 점의 좌표를 $(f(t), t)$, x좌표가 가장 작은 점의 좌표를 $(g(t), t)$라 하자. $h(t)=t\times\{f(t)-g(t)\}$라 할 때, $h'(5)$의 값은?

2016학년도 수능 수학 B형 21번 문항

위 질문에는 다음과 같은 질문을 떠올릴 수 있다.

'원래는 $(x, f(x))$의 형태인데, 여기에서는 $(f(t), t)$로 뒤바뀌었어. 어떻게 된 걸까? 보통의 $f(x)$는 함숫값인데⋯. 아, x와 y가 바뀌었네! 역함수구나!'

'어, 아닌데? 문제의 삼차함수는 역함수가 존재하지 않는데? 도대체 어떻게 풀어야 할까?'

'(다시 본질로 돌아가서) 함수의 정의가 뭐였지? 역함수는 뭐였지? 그때는 실수전체가 아니라 정의역이 X={1, 2, 3, 4} 이렇게 되어 있어도 성립했는데?'

이 문제는 수학2의 역함수 개념과 미적분에서의 그래프 그리기, 역함수의 미분법을 통해 해결해야 하는 것이다.

사실 위의 두 문제는 몇 번 고민하고 이 문제를 풀 수 있는 아이디어가 무엇인지를 떠올려야만 풀리는 문제이다.

이때 어떤 학생은 수능 수학 영역에서 난이도와 배점이 높은 서너 문제를 풀 시간을 확보하기 위해서 나머지 27개 문제를 빨리 푸는 연습을 하기도 한다. 그게 꼭 옳지 않다는 건 아니지만, 다른 문제를 푸는 시간을 단축하기보다는 세 문제를 풀기 위한 기본 실력을 갖추는 게 낫지 않을까? 그렇기에 평소에 질문을 던지고 해결하는 공부 습관이 필요하다.

앞서 보았듯이 수학 과목의 목표는 '개념을 이해하고 문제에 연결시킬 수 있는가'에 있다. 그러므로 '개념'을 담고 있는 교과서의 목차를 기반으로 질문을 만들어야 한다. 이렇게 적절한 질문을 해결하면 실력은 반드시 는다.

수능 만점자들의 인터뷰를 보면, 교과서를 보고 예습과 복습에 충실했다는 이야기를 보게 된다. 그것은 거짓말이 아니다. 많이 채우는 것보다 기본에 결점이 없는 편이 점수를 높이는 데 훨씬 유리하다.

공부하면서 제대로 질문하며 약점을 채우고 있는지에 확신이 들지 않을 때, '생각 노트'를 쓰면 실마리가 보인다. 생각의 양을 눈으로 확인할 수 있기 때문이다. 오늘 공부를 통해 알아낸 것, 개념을 익히며 떠오른 생각 등등을 기록해보면서 어제보다 오늘 더 약점을 채우고 발전했는지를 스스로 판단해볼 수도 있다.

생각 노트를 쓰면서 각 과목에서 스스로 던져야 할 질문은 다음과 같다.

〈반드시 답을 찾는 과목별 질문법〉

국어

비문학
- 이 글은 저자가 무엇을 알려주기 위해서 썼는가?
- 저자는 이 글의 첫 부분에서 어떤 질문을 하고 있는가?

- 저자가 의도한 질문을 글을 읽으며 답할 수 있는가?
- 글을 읽으며 글의 내용을 정리할 수 있는가?
- 문제를 풀 때 글의 내용이 기억나는가?
- 지문이나 문제의 선지 중, 어려운 단어가 있는가?
- 문제를 틀렸다면, 이 지문의 어떤 부분을 이해하지 못해서인가?

문학
- 이 작품에 제시된 배경을 상상할 수 있는가?
- 이 작품에 제시된 화자의 모습을 상상할 수 있는가?
- 상상한 것을 바탕으로 화자가 처한 상황을 이해하고 화자의 감정에 공감할 수 있는가?
- 상상한 내용을 기억하면서 문제를 풀었는가?
- 지문이나 문제의 선지 중 어려운 단어가 있는가?
- 문제를 틀렸다면, 이 작품의 어떤 부분을 제대로 감상하지 못해서인가?

수학
- 이 개념을 설명하려면 예전의 어떤 개념이 필요한가?
- 예제 풀이의 이유를 교과서 개념으로 설명할 수 있는가?
- 교과서 목차를 백지에 적을 수 있는가? 그리고 관련 있는 개념끼리 연결할 수 있는가?
- 기출문제의 풀이 순서와 그 이유를 설명할 수 있는가?
- 문제를 풀 때, 이전에 풀었던 문제와의 공통점을 찾을 수 있는가? 그것을 개념으로 돌아가서 정리할 수 있는가?
- 문제를 풀다 막힐 때, 목차를 떠올리면서 해결하려고 노력하는가?

- 실전 연습이나 실제 시험에서 왜 이 개념을 써야 하는지에 대한 이유가 떠오르는가?
- 적어도 교과 개념을 이용한 풀이에서는 실수가 없는가?
- 자주 하는 계산 실수가 있는가?

영어

- 이 문장이 해석되지 않는 이유는 무엇인가? 단어인가, 문법인가?
- 모르는 단어나 문법 사항을 알게 되면 정말 해석될 수 있는가?
- 접속사와 관계사를 이용해 글의 흐름을 어느 정도 이해할 수 있는가?
- 한 지문에 모르는 단어나 문법 사항이 많지 않은가?
- 문제를 틀렸다면, 문제의 지문이나 선지에서 무엇을 잘못 파악한 것인가?

개념과 개념,
문제와 문제를 연결하라

이렇게 질문을 던지고 그에 대한 해결 방법까지 찾았다면 끝난 걸까? 아니다. 여기서 멈추지 말고 공부했던 내용을 장기기억으로 만들어야 하고 다른 개념에도 활용할 수 있도록 해야 한다.

바로 이때 필요한 것이 '배운 것의 연결'이다. 앞에서 소개한 목차 공부법을 이때도 활용해야 한다. 목차를 보는 것의 장점은 개념과 개념 사이의 연결고리를 한눈에 볼 수 있다는 것이다.

앞에서 잠깐 소개했지만, 개념과 개념을 연결 짓는 방법은 다음과 같다.

1. 새 개념에 대해 공부할 때마다 목차를 본다.
2. 목차를 살펴보면서 이 개념을 설명하기 위해 어떠한 개념들이 필요했는지를 확인한다. 즉, 내가 보고자 하는 대단원 이전의 목차를 훑어본다.
3. 새로운 개념의 의미를 이전에 배운 개념으로 최대한 쉽게 풀어 해석해본다.
4. '스스로 쉽게 풀어 해석한 내용'으로 모든 개념을 기억하면 된다.

이렇게 개념과 개념 간의 관계와 함께 더 알아야 하는 관계가 있다. 일반적인 시험에서 필요한 '연결'은 세 가지이다.

1. 개념과 개념 사이의 연결: 개념 간의 공통점과 차이점을 파악하고 정리한다.
2. 개념과 문제 사이의 연결: 실제 문제에서 어떤 개념이 어떻게 쓰였는지 파악한다.
3. 문제와 문제 사이의 연결: 문제들 간의 공통점을 파악하고 정리한디.

이처럼 연결 공부법의 핵심은 'A와 B간의 공통점과 차이점'을 이용해 정리하는 것이다.

연결 공부법 1.
개념과 개념 사이의 연결

먼저 개념과 개념 사이의 연결에 대해 알아보자.

개념과 개념 사이의 연결을 알아본다는 것
= 어떤 묶음에서 각 속성들이 가진 공통된 특징으로 그 묶음을 정의하고, 차이점을 통해 각각의 개별적 특징과 성격에 대해 생각해 보는 것.

개념 간 연결을 잘 기억하는 한 가지 방법을 소개한다. 바로 백지 복습이다. 내가 공부한 개념들의 관계도를 보지 않고도 머릿속에 도표를 그릴 수 있어야 한다는 뜻이다.

백지 복습을 할 때는 자신이 그날까지 공부한 목차를 모두 백지에 쓴 뒤 그와 관련 있는 모든 개념과 정리를 증명하며 복습한다. 그러면서 각 개념과 정리가 앞선 단원의 개념과의

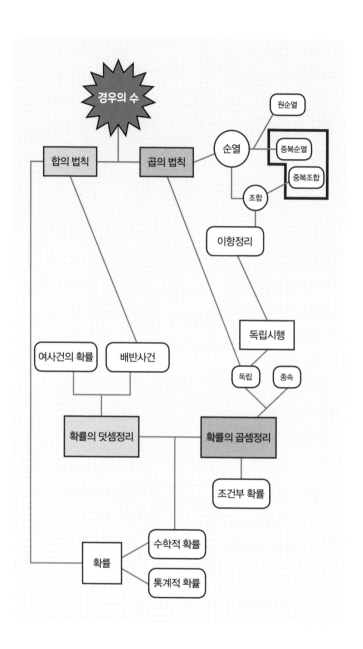

관련성이 있는지를 생각하고 관련성이 있다면 개념을 이해하고 연결한다. 이렇게 개념과 개념을 연결하며 공부하다 보면, 각 개념을 굳이 암기하지 않아도 머릿속에 개념 간 층위가 만들어지며 정리되는 장점이 있다.

연결 공부법 2.
개념과 문제 사이의 연결

이번에는 '개념과 문제 사이의 연결'에 대해 살펴보자. 이 두 번째 연결은 앞에서 정리한 개념을 바탕으로 실제에 적용해 보는 단계이다. 문제를 보면서 먼저 어떤 특징을 가진 개념을 써야 할지를 유추한다. 다음 문제로 이 과정에 대해 알아보자.

---

30. 함수 $f(x) = e^{x+1} - 1$과 자연수 n에 대하여 함수 $g(x)$를 $g(x) = 100|f(x)| - \sum_{k=1}^{n} |f(x^k)|$ 이라 하자.
$g(x)$가 실수 전체의 집합에서 미분 가능하도록 하는 모든 자연수 n의 값의 합을 구하시오.

2015학년도 수능 수학 영역 B형(홀수형) 30번 문항

문제를 보면, $g(x)$가 실수 전체에서 미분 가능하게 하는 모든 자연수의 값의 합을 구하라고 한다. 먼저, 미분 가능성에 대한 정의는 교과서에서 미분계수와 도함수를 배우는 단원에 나온다.

한편 함수 $g(x) = |x|$에 대하여

$$\lim_{\Delta x \to 0+} \frac{g(0 + \Delta x) - g(0)}{\Delta x} = \lim_{\Delta x \to 0+} \frac{|\Delta x|}{\Delta x}$$

$$= \lim_{\Delta x \to 0+} \frac{\Delta x}{\Delta x} = 1$$

$$\lim_{\Delta x \to 0-} \frac{g(0 + \Delta x) - g(0)}{\Delta x} = \lim_{\Delta x \to 0-} \frac{|\Delta x|}{\Delta x}$$

$$= \lim_{\Delta x \to 0-} \frac{-\Delta x}{\Delta x} = -1$$

이다.

따라서 함수 $g(x) = |x|$는 $x = 0$에서 미분계수가 존재하지 않는다.

일반적으로 함수 $y = f(x)$에 대하여 $x = a$에서의 미분계수 $f'(a)$가 존재할 때, 함수 $f(x)$는 $x = a$에서 미분 가능하다고 한다. 또 함수 $f(x)$가 어떤 구간에 속하는 모든 x의 값에서 미분 가능할 때, 함수 $f(x)$는 그 구간에서 미분 가능하다고 한다.

(출처: 미래엔 미적분 1 교과서)

이 정의에 따라 생각해보면, 절댓값 기호를 포함한 함수는 미분계수가 존재하지 않을 수 있다. 절댓값 안에 있는 수가 음수일 때, 마이너스 부호를 붙이게 되므로 그때 함수식이 바뀌게 되는 것이다. 그런데 함수식이 바뀌는 순간 미분 불가능할 수 있기 때문에, 우리는 바로 그런 경우를 찾아야 한다.

이 문제를 풀기 위해서는 '수열'에 대해서도 알아야 한다. 관련 개념에는 '시그마'가 있다. 시그마 기호의 정의는 '수열

수열 $\{a_n\}$의 첫째항부터 제n항까지의 합

$$a_1 + a_2 + a_3 + \cdots + a_n$$

을 합의 기호 $\sum$를 사용하여 다음과 같이 간단히 $\sum\limits_{k=1}^{n} a_k$로 나타낸다. 즉,

$$a_1 + a_2 + a_3 + \cdots + a_n = \sum_{k=1}^{n} a_k$$

차례로 나열된 수의 열을 수열이라 하고, 나열된 각각의 수를 그 수열의 항이라고 한다. 일반적으로 수열을

$$a_1, a_2, a_3, \cdots, a_n, \cdots$$

과 같이 나타내고, 앞에서부터 차례로 첫째항, 둘째항, 셋째항, $\cdots$, n째항, $\cdots$ 또는 제1항, 제2항, 제3항, $\cdots$, 제n항, $\cdots$이라고 한다.

(출처: 미래엔 미적분 1 교과서)

Part 2 합격으로 가는 아주 단순한 5단계 생각 공부법

의 합'이다. 또한 수열의 정의를 찾아보면 곧 수의 나열이며, 수열의 규칙을 찾는 이유는 수를 계속 나열하기 위해서이다.

그렇다면, 이 문제에 있는 수열의 합도 나열해보면서 생각해야 한다. 실제로 나열해보면서 생각하면 규칙이 보인다. 그리고 이를 통해 문제를 해결할 수 있다.

이처럼 개념과 문제에 제시된 설명을 연결해보아야 한다. 이때 '개념을 통해 문제를 해결하는 힘'이 길러지는 것이다. 이 연결 역시 또한 개념과 문제의 공통점을 발견하면서 이루어진다.

지식을 배웠다면 그것을 어떻게 실제에 적용해야 할지를 고민해야 한다. 수험생이라면 그 실제가 바로 풀어야 하는 '문제'이다. 개념을 반드시 문제에 적용해야 하는 건 '실제에 기본을 적용하는 연습'을 할 때 비로소 문제를 해결하는 힘, 즉 실력이 늘어나기 때문이다. 기본을 안 후 연결 과정으로 나아가지 않으면 실제 문제를 해결하기 어려운 경우가 생긴다. 한마디로 교과서만 달달 외운다고 해서 무조건 문제를 풀 수 있는 건 아니다.

연결 공부법 3.
문제와 문제 사이의 연결

세 번째로 우리가 짚어야 하는 연결은 '문제와 문제 사이의 연결'이다. 즉, 문제를 해결해본 경험을 바탕으로 새로운 문제에 대한 해결 방향에 대해 생각하는 단계이다. 여기서 기본 개념이란 건 변하지 않는다. 따라서 기존에 해결한 문제에서 발견한 개념을 다른 문제와 연결 지어 정리하면 된다. 그러면서 '개념의 쓰임'에 대해서 점점 더 명확하게 공부할 수 있다. 다음 문제를 통해 살펴보자.

---

30. 최고차항의 계수가 1인 사차함수 $f(x)$와 함수

$g(x) = |2\sin(x+2|x|)+1|$

에 대하여 함수 $h(x) = f(g(x))$는 실수 전체의 집합에서 이계도함수 $h''(x)$를 갖고, $h''(x)$는 실수 전체의 집합에서 연속이다. $f'(3)$의 값을 구하시오.

정답 48

2017학년도 9월 모의평가 수학 영역(가형) 30번 문항

혹시 이 문제를 보았을 때 떠오르는 문제가 있지 않는가?

바로 연결 공부법 2에서 살펴본 2015학년도 수능 문제가 떠올라야 하고, 그 문제와 연결시킬 수 있어야 한다.

이계도함수가 존재하려면, 도함수가 존재해야 한다. 또 도함수가 존재하려면 절댓값에 의해 함수가 바뀌는 부분에서 미분 가능해야 한다. 절댓값 기호가 두 개 존재하며, 안쪽에 있는 절댓값에 의해 함수가 먼저 바뀐다. 함수가 바뀌는 곳을 잘 찾아주면, 반드시 이 문제를 풀 수 있다.

수능을 보기 위해서는 반드시 기출문제를 풀어야 한다. 이때, 그냥 무작정 문제를 풀 게 아니라 내가 풀어보았던 다른 문제들과 연결을 해봐야 한다. 먼저 교과서 문제와 다른 기출 문제들과 연결해본 후, 공통으로 사용된 개념을 살펴보자.

이렇게 '연결'을 반복하면, 개념을 문제에 적용할 수 있게 되며 이로써 공부에 대한 기초 근력이 키워진다. 이런 식으로 실제에 적용함으로써 개념을 이해하게 되면 아무리 복잡하게 꼬아놓은 문제를 보더라도 어떻게 해결해야 하는지 직관적으로 알 수 있게 된다. 더 이상 답을 찍어서 맞히는 운에 기대지 않고 진짜 실력으로 문제를 풀 수 있는 '진짜 실력자'로 거듭나는 것이다.

Part 3

합격으로 가는
아주 단순한
공부 마인드 17

양치기 공부법은
왜 결국 실패할까?

나는 재수 후 고3 때보다도 성적이 떨어지는 실패를 겪었다. 누군가는 그래도 대학에 들어갔으니 성공한 거 아니냐고 물을 수도 있겠지만 나에겐 대학을 들어가는 것 자체는 별로 중요하지 않았다. 대학에 들어가기 위해 재수를 했다기보다 보기 싫은 나의 모습에서 탈피하여 당당한 내가 되기 위해 재수를 택했기 때문이다. 그렇게 원하지 않는 결과로 운이 좋게 대학에 들어간 건 나에게는 실패와도 같았다.

지금 돌이켜 생각해보면, 그렇게 공부 시간을 늘리는 데 집착하며 문제를 많이 풀기 전에 '내게 부족한 점'을 찾았어야 했다. 많은 사람이 노력은 절대 배신하지 않는다고 하지만 나는 이 말을 조금 바꾸고 싶다.

'정직하고 올바른 노력만이 배신하지 않는다.'

재수 때는 70점대의 점수를 받으면 먼저 실망과 좌절부터 했다. 그리고 '좀 더 노력하면 되겠지'란 생각으로 맹목적으로 계속 문제를 풀었다. 하지만 그렇게 문제를 많이 풀었는데도 수능 전날 두려워서 잠을 못 잤다. 수능 시험장 앞에서는 떨리는 마음을 진정시키느라 애써야 했다.

그토록 긴장했던 이유는 약점이 너무 많았기 때문이다. 그때 들었던 이상한 찝찝함과 불안감은 바로 그 약점 때문에 자연스럽게 생길 수밖에 없는 심리였다.

수학의 경우, 양치기를 하면 약점이 더 많이 생길 수밖에 없다. 수학을 공부할 때는 다음과 같은 세 가지가 반드시 필요하다.

1. **문제를 처음 접근할 때의 아이디어**
2. **적용할 수 있는 교과 개념**

3. 완벽한 계산

하지만 당시 나는 점수가 나오지 않아도 이 세 가지 중 어떤 게 부족한지는 생각하지 않았다. 그렇게 쓸데없는 노력을 했기에, 노력이란 놈이 시원하게 나를 배신했다.

오랜 기간 잘못된 공부법을 이어오다가, 삼반수 때는 완전히 달라졌다. 재수 때처럼 70점대 점수를 받더라도 좌절하고 계속 문제만 많이 풀어보는 게 아니라, 부족했던 '30점'의 빈틈이 왜 생긴 건지에 집중하여 약점을 보완하고자 노력했다. 이때 중요한 건, 나의 약점이 무엇인지 다른 사람에게 물어보지 않았다는 점이다. 교과서와 기출문제를 이용하여 스스로 약점을 알아냈다.

두유 4팩으로 버티면서도 실패했던 당시에는 나 자신이 너무나 한심하여 5개월간 폐인 생활을 했을 만큼 좌절했지만, 그 과정이 없었더라면 진짜 성장을 이루려면 약점에 주목하여 개선해야 한다는 사실을 절대 깨닫지 못했을 것이다. 올바르고 지혜로운 노력이 무엇인지 알아내려 하지도 않았을 테고 그냥 되는 대로 살았을 것이다.

재수에 실패하고 나서는 '노력'이란 것에 회의가 들었지만, 결국 노력으로 이 모든 것을 알아낼 수 있었다. 그래서 결과적으로 공부에 노력은 선택이 아니라 필수다. 공부에는 좋은 강의나 좋은 책, 좋은 스승보다도 노력이 더 중요하다. 설령 그 노력이 나를 좌절시킨다 하더라도.

무언가를 위해 노력하려면 기꺼이 그 과정을 감내하려는 자신만의 이유와 철학이 필요하다. '나는 할 수 있다, 어떤 상황에서도 해야 한다'는 마음가짐을 지녀야 한다. 그 마음이 더운 여름에도, 추운 겨울에도 계속 공부할 수 있는 힘을 주었고, 가난한 한 학생의 꿈을 이루게 해주었다. 그러므로 너무나 뻔한 말이지만 원하는 결과를 얻고 싶다면 계속 노력하라고, 자신과의 약속을 반드시 지켜내라고 이야기하고 싶다.

그런데 양치기는
무조건 나쁠까?

재수 때 실패한 건 '오로지' 양치기에만 집착한 데 있다고 생각한다. 그런데 양치기 공부법이 아무런 결과물도 남기지 않은 것은 아니다. 양치기는 삼수 시절 공부법을 바꾸는 밑거름이 되어 주었다. 양치기 공부가 내게 남긴 몇 가지 열매를 생각해보면 이렇다.

1. 계산에 확신이 생긴다

재수 때 수많은 문제를 풀다 보니 수학 계산에 점점 확신이 생겼다. 문제에 활용할 교과 개념을 떠올리지 못해 못 푼 문제는 있어도, 계산을 실수해 틀리는 경우는 없었다. 이 계산력은 삼수 때 큰 힘이 되었다. 막히는 문제의 이유와 필요한 개념만 알면 굳이 계산 연습을 따로 할 필요는 없었다.

이렇듯 계산을 몇 번이고 되풀이한 노력은 배신하지 않는다. 아직 개념을 모두 알고 문제에 적용하기에 모자란 부분이 있었을지언정, 내가 끌어올렸던 계산력은 반드시 남는다. 펜을 손에서 놓은 지 몇 달이 지난 요즘도 다시 책상 앞에 앉아 수학 문제를 풀면 계산만큼은 틀리지 않는다.

2. 풀이의 흐름이 명백해진다

촌각을 다투는 시험장에서 풀이를 계속 이어갈 때, 그 흐름을 하나하나 따져가면서 계산하기는 어렵다. 문제에 적용할 핵심 개념이 떠오르면 빠르게 풀이를 전개해야 한다. 양치기로 연습한 이 빠른 풀이 과정은 다음은 어떤 풀이법을 활용해야 하는지에 대한 감을 잡게 해준다. 그래서 생각 공부법이 풀이 방법과 이유를 알려주지만 계산의 속도를 높이기 위해서는 따로 훈련하는 것도 필요하다. 그 훈련은 결국 문제를 많이 풀어보는 경험이다.

연습 때 하나하나 풀이를 따져보는 습관을 지녀 실전에서는 빠르고 매끄럽게 풀이를 전개해야 한다. 이를 위해서 반드시 어느 정도의 양치기는 필요하다.

3. 실제로 계산 과정을 적용할 때 시행착오를 배울 수 있다

배우고 활용하는 과정까지를 통틀어 공부라고 한다. 배웠음에도 활용할 수 없다면 무력한 상태인 것은 변함없다. 시행착오를 겪으며 점차 개선되는 데 양치기는 굉장히 중요한 과정이다.

재수 때는 쉬운 문제와 어려운 문제, 이전에 틀린 문제를 섞어서 하루 150문제를 풀었으며 삼수 때는 주로 틀린 문제 위주로 하되, 문제 수를 좀 줄였다. 아무런 생각 없는 문제 양치기는 시간과 노동만 낭비하게 하지만, 그렇다고 명백한 계산 부족 상태를 방치하는 건 더 위험하다는 사실을 기억해야 한다. 결국 양치기는 풀이의 과정이 익숙해지는 과정이며 동시에 풀이를 어느 정도 암기하는 훈련이라고 할 수 있다.

이렇듯 공부 양을 늘리는 것은 분명 필요한 과정이며, 남들보다 공부에 더 많은 시간을 투자하면 대가는 반드시 따라온다. 다만 공부 시간이 길었다고, 진도가 제법 많이 나갔다고 최선을 다한 것으로 생각해선 안 된다.

앞서 계속 강조했듯이 양치기도 물론 필요한 과정이지만

그전에 기본이 되어야 하는 건 생각의 과정이다. 공부할 때는 몸보다 머리가 힘들어야 한다.

무조건 공식을
많이 외우면 될까?

지금은 이렇게 여러분에게 내 공부 이야기를 들려주고 있지만 예전에는 지금의 나를 상상할 수 없었다. 왜냐하면,

첫째, 나는 고등학교 때 공부를 잘하지 못했다.

둘째, 재수 때 하루에 15시간씩 공부했는데 원하는 결과를 얻지 못했다.

하지만 삼반수 때부터 나는 변했다. 저 시절과의 가장 큰 차이점이 무엇일까 돌아보면 기본의 중요성을 정확하게 알고

있었다는 것이다. 그래서 '교과서'뿐 아니라, '중학교 개념'까지 찾아보는 일이 많았다.

재수생 때는 무작정 문제를 어떻게 푸는지 암기했다. 즉, 풀이 전체를 암기하는 데 가장 많은 시간을 썼다. 솔직히 풀이를 보아도 이해가 안 갈 때도 있었지만, 그 결과 최소한 풀 수 있는 문제는 빠르게 풀 수 있었다. 하지만 공부 시간과 공부 양은 많았지만 성적은 오히려 떨어졌다.

삼반수 때는 재수 때만큼 시간을 쓸 수 없었기 때문에 공부의 질을 높이는 데 더 집중했다. 그때는 '재수 때 왜 실패했을까'에 대해 고민하는 시간이 많았다. 그런데 틀린 문제를 보다 보니 분명 어떤 공식을 써야 하는지도 알고, 그 공식을 이미 다 외웠는데도 왜 틀렸는지 이해가 안 가는 경우가 많았다.

그렇다면 공식이란 무엇일까? 사실 공식이란 것은 우리가 아는 개념을 축약해 정리해놓은 거다. 그 공식의 이면에는 수많은 개념과 과정이 숨어 있지만, 공식 그 자체에는 그것들이 보이지 않기 때문에 공식을 온전히 이해한다는 건 정말 어려운 일이다. 나 역시 그것을 이해하지 못한 채 그저 무작정 외우면서 공부했다. 간혹 그 공식들만 보고도 왜 그렇게 공식이 나왔는지 이해하는 학생들을 보기도 한다. 그동안 수학을 가르쳐 준 학생들을 지켜본 결과, 그들 대부분은 이전에 그 공식이 어떤 내용을 함축하고 있는지를 이미 배웠고 잘 알고 있었던 경우가 많았다.

많은 학생이 '공식의 유도 과정을 꼭 알아야 하는지'에 대해 물어본다. 이에 답을 하기 전에 '왜 공식의 유도 과정을 이해해야 하는지'에 대해 고민해보자. 많은 사람이 공식의 유도 과정을 이해하라고 하는 것의 진짜 의미는 그 공식이 어떤 의미인지 유도 과정을 통해 파악하라는 뜻이라 할 수 있다. 즉, 공식의 의미를 더 쉽고 더 간단하게 기억하기 위해서 해야 하는 거다.

실제 학생들을 보니 그 공식을 활용하는 문제가 나왔을 때 문제 풀이 속도 면에서 보면 공식을 무작정 외운 학생보다 유도 과정부터 이해했던 학생들이 느렸다. 그러나 그 공식의 의미를 묻는 문제가 나왔을 때는 정답률과 풀이 속도 면에서 유도 과정까지 이해했던 학생들이 유리했다.

특히 난이도가 높은 4점 문제를 다룰 때, 개념의 의미를 묻는 문제가 자주 나온다. 따라서 개념 중심의 공부는 고득점을 받는 것을 목표로 삼아야 하는 고정 1등급 이상의 학생 혹은 고득점인 문제를 맞혀서 전체적으로 점수를 올리는 게 유리한 6등급 이하의 학생에게 유리한 방법이라 할 수 있다.

실제로 앞에서 소개한 '연결 공부법'을 활용하여 어떤 개넘을 다른 개념과 연결 지어 공부했던 학생의 경우, 관련 문제에 대한 오류가 현저히 적었다. 이때 목차 공부법은 실질적인 효과가 있었다. 내가 직접 경험하기도 했고, 주변 지인과 과외 학생들을 보면서 내린 결론이다.

그리고 점수를 올리기 위해서는 반드시 '개념을 문제에 적용하는 과정'이 필요하다. 문제에 적용하지 않고 개념만 고민하면서 공부한 경우, 점수의 상승폭이 크지 않았다. 개념에 집중하면 문제를 풀 때 생각하는 시간이 길어지므로 계산 속도는 약간 느려진다. 하지만 문제 풀이의 정확도는 확실히 높아진다. 그러나 속도의 문제 역시 극복 가능하다. 문제 풀이를 계속하다 보면 결국 익숙해진 부분에 대해서는 고민하는 시간이 줄어들고, 나중에는 그 과정을 저절로 생략하게 되면서 결국 문제 푸는 속도가 빨라지기 때문이다.

교과 과정 외 공식과
스킬을 아는 게 유리할까?

이처럼 '개념 공부'를 하면 탄탄한 실력을 갖추는 데 더 유리하기 때문에 가능하다면(고등학교 교과 과정에 나오지 않는) 다양한 공식들과 수학적 지식을 알아두는 것도 나쁘지 않다. 하지만 사실 크게 추천하고 싶지는 않다. 대부분 그 공식의 의미를 이해하기 어렵기 때문이다. 생각해보자. 왜 그 공식들을 고등학교 교과서에 싣지 않았을까? 한마디로 고3 수준에서 이해하기 힘들기 때문이다.

공식을 외운다고 해서 공식을 이해한 건 절대 아니다. 우리가 무언가를 이해했다고 할 때는 그것의 의미까지 알고 있을 때다. 만약 그런 교과 외 과정에 나오는 공식도 완전히 이해하고 있다면 수능에서 좀 더 정답에 확신을 가질 수 있고, 검토 시간을 단축하는 데도 유리하다. 하지만 중요한 건 풀이 시간을 단축하기보다 문제에 대한 정확한 이해와 확신이다. 그러므로 교과 과정을 완벽하게 이해했다고 자부하기 전까지는 굳이 교과서외의 공식을 이해하기 위해 노력할 필요는 없다.

문제를 해결할 때는 본인이 제대로 아는 것을 활용해야 한다. 따라서 반드시 목표한 것의 범위 안에 있는 '기본'을 공부해야 한다. 범위 외의 것, 이해할 수 없는 것을 공부하면 안된다. 적절하지 않은 스킬이나 방법론을 배워서 극복하기에는 한계가 있다.

예를 들어 어떤 사람은 국어 문제를 풀 때 지문을 보지 않고 문제만 보고 푸는 방법에 대해 이야기한다. 물론 그 방법이 문제를 맞히는 데에는 도움을 줄 수 있지만, 그 방법으로 만점을 얻기는 힘들다. 단순한 스킬을 익히는 것은 실력 향상과 이어지지 않는다. 또한 예외가 있을 때, 그 방법이 통하지 않을 수 있다는 위험성도 있다.

또, 이해할 수 없는 공식을 외워서 문제 풀이에 겨우 적용하게 되었다고 가정해보자. 이때 몇 가지 문제점이 발생한다.

첫째, *그 공식을 완벽하게 이해하지 않았으므로, 어디에 적용해야 할지 헷갈린다.*

풀다 막히면 그 공식을 잘 이해하지 못해서인지, 계산이 틀렸기 때문인지 파악하기 어렵다.

둘째, *교과서의 기본 개념에 대한 훈련이 부족해질 수 있다.*

실제 최근 수능의 수학 출제 경향을 보면, 기본 개념을 이용한 아이디어로 문제를 해석하고, 풀이 과정이 길어서 어느 정도 계산을 해야 답을 맞힐 수 있는 문제가 출제된다. 따라서 개념에 대한 이해가 부족하고 문제에 적용하는 훈련을 하지 않으면 긴 계산을 제대로 이끌어나갈 수 없다.

따라서 교과서에 나오지 않는 다른 공식들을 이해하기 위해서는 두 가지 전제 조건이 필요하다.

첫째, *기존에 알고 있던 개념에 혼란을 주지 않아야 한다.*
둘째, *개념을 정확히 이해할 수 있어야 한다.*

따라서 이 전제 조건을 갖추고 있는 1등급 이상의 학생이 아니라면, 다양한 공식보다 교과 개념을 더 공부하는 게 더 유리하다. 그리고 1등급 이상을 받는 학생이라 하더라도 다양한 공식들 역시 교과서의 다른 개념과 연결해보면서 공부하면 더 효과적일 것이다. 이게 가능해졌다면, 충분한 훈련을 통해 다른 다양한 공식들도 수능에 쓸 수 있게 된다.

'공부에 어떤 도구를 쓸 것인가'는 스스로 선택해야 한다.

2년 전 과외 의뢰가 들어왔는데, 그 학생의 학부모님은 미적분2 과정의 과외를 원하셨다. 학생이 몇 학년인지 여쭤보니, 놀랍게도 초등학교 5학년이라고 하셨다. 그래서 도대체 왜 초등학생이 미적분2를 배워야 하는 건지 여쭤보았더니, 그 동네에서는 초등학교 전에 미적분을 떼는 게 일반적인 수순이라 하셨다.

그렇다면, 그 아이들은 미적분의 개념을 완벽하게 이해했을까? 아니면 암기만 해서 이뤄진 결과일까?

영재가 아닌 이상 대부분 후자에 속할 것이다. 어디에 쓰이는지 알지 못하는 개념을 쓰는 것은 불가능하다. 만약 쓸 수 있다면, 수많은 문제를 외운 후일 것이다. 하지만 그렇게 배운 개념이 오랫동안 머릿속에 남아 있을 리가 없다. 또한 그렇게 어려운 교과 과정을 미리 배우면 아이들에게 자꾸 이해보다는 암기를 권하게 된다. 더 중요한 문제는 공부에 대한 즐거움을 없앤다는 것이다. 암기만으로 개념을 받아들인다면, 공부에 대한 흥미가 계속 이어질 수 있을까? 따라서 기본을 쌓기 위해서는 과도한 선행 학습보다 복습이 중요하다.

정리하면 '교과서 개념만 다룰 것인가, 교과 외 과정에 등장하는 다른 공식과 스킬도 숙지할 것인가'의 문제는 결국 아래와 같이 요약된다.

1. *도구를 최소화하여 교과서 개념만으로 수능을 준비할 것인가.*
2. *아니면 다양한 도구를 익혀서 어떤 경우에도 대비할 수 있도록 할 것인가.*

나는 둘 다 옳은 방법이라 생각한다. 다만 어떤 학생은 도구를 다양하게 익혀도 문제가 없지만, 어떤 학생은 교과 개념만 이해하는 게 나을 수 있다. 따라서 본인의 현재 상태에는 어떤 전략이 더 나은지 잘 파악해보고 선택하길 바란다.

게임 중독이
절대 바람직하지 않은 이유

많은 학부모님은 자녀가 게임하기보다는 책을 더 읽기를 원하시지만 사실 나에게는 게임도 책과 비슷한 수단이었다. 물론 결과적으로 내 인생의 자양분이 되어준 건 책이었지만.

내가 성공한 사람의 이야기를 그렇게나 많이 읽은 이유가 무엇이었을까? 생각해보면 독서는 현실로부터 도피하는 한 방법이었다. 현실의 나는 너무나도 초라했기 때문에 다른 세계로 어떻게든 도망가고 싶은 게 솔직한 마음이었다. 책 속에서 나오는 다른 멋진 삶을 간접적으로 경험함으로써 한심한 현실을 잊고 싶었다.

게임에 빠졌던 이유도 게임 속 세상에서는 열등감을 잠시 잊을 수 있었기 때문이다. 게임 속에서는 실력으로 꽤 인정받는 존재였고 정확하게 말하자면 게임은 내가 잘하는 유일한 것이었다. 그 게임을 벗어난 나는 아무것도 할 줄 모르는 찌질이였기 때문이다. 그렇게 진짜 나와 마주하는 것만큼 끔찍한 건 없었다.

일반적으로 무언가에 중독되는 이유는 잠깐이라도 현실에서 도피하여 내가 보고 싶지 않은 나의 모습을 잊고 싶기 때문일 것이다. 하지만 중독은 반드시 극복해야만 한다. 현실에서 도피해 간 세상이 절대 영원할 수는 없다. 이상 세계에 푹 빠져 있어도 결국에는 현실로 돌아올 수밖에 없고, 현실이 초라할수록 깨고 나면 더 큰 상실감을 느끼게 된다. 바로 그 점 때문에 중독은 절대 바람직하지 않다. 24시간 게임을 한다 해도 현실은 멀쩡히 존재하고 있고 언젠가는 다시 현실과 마주해야만 한다.

현실이 마음에 들지 않는다고 그 원인을 외면해서는 안된다. 그래야만 문제점을 정확히 알고 개선해나갈 수 있다. 물론 문제의 원인이 사회나 가정에 있을 수도 있지만 그때도 자신에게는 아무런 문제가 없는지 진지하게 돌아봐야 한다.

나 또한 문제를 계속 회피만 했다면 지금 이렇게 여러분과 책으로 이야기 나누지 못할 것이다. 핑계를 대고 남 탓으로 돌리는 한, 절대 앞으로 나아갈 수 없다. 초라한 현실을 피해 게임 중독까지 갔지만, 결국 보기 싫은 나와 마주했고 더 나은 삶을 위해 공부했다.

장애물은 그 자체만으로는 별 의미가 없다. 극복했을 때 비로소 그 의미를 찾게 된다. 극복하지 못한 장애물은 짐짝이 될 뿐이다. 어떤 벽이 여러분의 현실을 가로막고 있다 해도 그것을 계속 탓하며 정체되어 있을지, 더 나은 미래로 발전하며 앞서나갈지는 결국 여러분의 손에 달렸다.

정말 교과서만
봐도 될까?

교과서와 기출 문제만 잘 파도 100점을 받는다는 게 정말 사실일까? 사실 나에게는 이게 선택할 수 있는 사안이 아니었다. 앞에서 계속 얘기했듯이 다른 교재를 살 수 없어 교과서만으로 공부할 수밖에 없었기 때문이다.

하지만 직접 공부해본 결과, 실제로 교과서만으로도 100점을 받을 수 있다는 걸 알게 되었다. 사실 교과서와 기출 문제는 단순히 개념을 익히고 문제를 푸는 역할만 하는 것이 아니다. 그 이면에는 굉장히 많은 것이 숨어 있다. 예를 들어 '접선'을 공부한다 해도 왜 군이 접선을 구해야 하는지, 왜 이 개념이 중요한지, 극한은 어떤 의미가 있는 건지 생각하면서 공부하면 교과서 한 권만으로도 생각해볼 게 정말 많다.

단순히 교과서에 나온 공식을 외우고 예제만 푸는 방식으로만 공부하는 것이 아니라, 기출문제의 의미와 교과서 개념 하나하나의 의미를 조금만 더 고민하고 스스로 질문에 답하면서 공부하면 운이 아닌 진짜 실력으로 100점을 받을 수 있다.

물론 수능장에서 잘 안 풀리는 문제를 만날 수 있다. 이때는 이전에 풀었던 기출문제 중 비슷한 문제가 무엇이었고 어떻게 풀었는지를 떠올리거나, 교과서 목차를 떠올려보면서 어떤 개념으로 적용하면 좋을지를 계속 고민해야 한다. 경험상 이렇게 해서 안 풀리는 문제는 거의 없었다. 그렇기 때문에 평소 교과서를 중심으로 개념을 살펴보면서 머릿속에 잘 정리해두었다가 필요할 때마다 제대로 인출해서 활용하는 연습이 중요하다.

수능 만점자들이 교과서를 그토록 강조하는 이유는 교과서가 공부의 범위를 알려주기 때문이다. 정확히는 '이것만 알면 수능을 풀 수 있다'의 기준이 된다. 교과서에 제시된 개념이 기본 개념이기 때문에 이를 완벽하게 숙지하지 않는다면 기틀이 마련되지 않아 안정적인 점수가 나오기 어렵다.

한편, 많은 학생이 수능 경향 분석이나 실전 스킬이 중요하냐고 묻곤 한다. 당연히 중요하다. 실전에 익숙해지는 것 또한 시험을 잘 보기 위해 반드시 해야 하는 준비 중 하나다. 다만, 이런 질문을 던져보고 싶다.

"경향 분석과 실전 스킬이 기본 실력을 늘리는 것보다 중요한가요?"

우리는 진짜 기본이 중요하다는 것을 머리로는 잘 안다. 그런데도 유명한 강사가 '이번 수능에는 이런 문제가 반드시 나온다'고 하는 말, 다른 사람들이 말하는 수능장에서 쓸 수 있는 비법 같은 것에 집착한다. 왜 그럴까?

답은 간단하다. 그게 쉽고 편하기 때문이다. 그런데 한번 생각해보길 바란다. 만약 공부에 그런 확실한 왕도가 있었다면, 모두가 그 방법을 써서 성공할 것이다. 하지만 그런 건 없다. 성적을 어느 정도 높일 수는 있어도, 절대 '무조건 통하는 비법' 같은 건 없다. 그래서 공부는 본래 힘들고 불편한 것이다. 너무 뻔한 이야기지만 재수, 삼수를 하면서 뼈저리게 느낀 것도 바로 이것이다. 가장 정직한 방법이 가장 힘든 방법이며 가장 빠른 길이기도 하다.

멋진 스킬과 아이디어는 겉으로 보기에는 좋고 빠른 방법처럼 보이지만, 그것에 치중하면 기본 개념을 이해하지 못한 채 계속 불안한 길을 걷게 된다. 여러분이 '수험 시절'이라는 바다를 건너는 이유는 어쩌다 운이 좋아서 문제를 맞히고 찍어서 좋은 대학에 가는 게 아니다. 스스로 고민하면서 문제해결력을 기르고, 노력과 판단, 선택에 책임감을 지니기 위해서다. 그리고 실제로 그렇게 공부를 해야만 대학교에 가서도 더 의미 있는 학교생활을 주체적으로 이어갈 수 있다.

그러니 단순하고 정직하게 공부하라. 그것이 만점을 맞는 길이자 원하는 결과를 얻을 수 있는 길이다.

교과서를
꼭 봐야 하나요?

고3부터 반수 때까지 나의 공부 메이트는 단연 교과서였다. 몇 번이고 교과서를 펼치고 파헤치면서 왜 반드시 교과서를 보며 공부해야 하는지 이유를 정리해보았다.

첫째, 교과서는 잘 '정리'된 글이다. 솔직히 교과서를 보라고 하면 학생들 열에 아홉은 "그 재미없는 걸 보라고요?"라고 반문할 것이다. 그런데 그 재미없고 무미건조한 교과서의 정리 내용이 교과서의 진정한 강점이다. 선생님의 설명이나 인터넷 강의, 개념서의 친절하고 긴 설명으로 지식을 전달받을 수도 있지만 어쨌든 종국에는 그 지식을 글의 형태로 스스로 이해해야만 한다. 그렇다면 교과서가 제시하는, 재미는 덜하더라도 잘 정리된 글이 우리가 최종적으로 알아야 할 지식의 형태다.

둘째, 교과서는 '연결' 기능을 높여준다. 앞서 목차 뜯어보기 공부법에서 살펴보았듯, 교과서의 목차는 개념끼리의 연결을 강화하는 데 최적화되어 있다. 선행하는 개념이나 공식, 지식을 알아야 다음에 올 내용을 이해할 수 있으며 이를 통해 선행 지식과 지금 배우는 지식이 모두 장기기억으로 저장된다. 교과서는 만들 때부터 지식끼리 연결되도록 구성되었기 때문에 가능한 일이다.

셋째, 교과서는 '기준'이 된다. 계속 반복하는 것 같지만 이게 불변의 진리이기에 다시 한번 강조한다. 학생이 배우고 이해해야 할 내용을 더도 말고 덜도 말고 딱 알맞게 담아놓은 게 교과서다. 국가가 고시한 교육과정에 따라 만든 시험과 공부의 기준이기 때문에 교과서를 먼저 보는 게 순서다.

넷째, 교과서는 '질문'으로 가득하다. 교과서를 펼치면 시작부터 '탐구 학습' 또는 '생각 열기'라고 해서 그 단원에서 배울 것과 관련된 짧은 이야기나 쉬운 문제가 나온다. 이렇듯 교과서의 구성처럼 내가 이걸 왜 배우는지, 이 개념은 대체 왜 나왔으며, 이 공식은 왜 이런 조건을 달아야 하는지를 스스로 묻고 답할 수 있어야 진정으로 이해한 것이다.

이렇게 개념부터 시작해서 예제로, 예제에서 검토로 넘어가는 모든 과정이 질문으로 이루어져 있다. 따라서 교과서만 열심히 봐도 질문을 던지고 생각하는 훈련이 가능하다.

올바른 교과서 공부법은 따로 있다

나는 실제로도 교과서로 수능을 준비했고, 늘 교과서로 기본 개념을 공부하는 것이 중요하다는 이야기를 해왔다. 그래서인지 나에게 이런 질문을 하는 학생이 정말 많다.

"좋은 교과서 좀 콕 집어 추천해주세요."

이 질문을 들으면 나는 되묻는다.

"좋은 교과서로 뭘 하시려고요?"

좋은 교과서로 뭘 하겠나. 당연히 공부를 잘하려는 거다. 그러면 교과서로 공부를 잘할 수 있다는 것부터 다시금 이해할 필요가 있다. 교과서의 장점은 3가지로 정리할 수 있다.

1. 이 개념은 어떤 의미를 지니는가? '공부 흐름 이해'

내가 배울 개념이 그 과목의 교과과정 중 어떤 위치에 있는지에 대해 교과서는 대단원 도입부와 중단원 도입부에서 쓰임을 제시한다. 또한, 이전 단원에서 배운 개념을 한 번 더 확인함으로써 이 단원을 배울 때 알아야 할 개념을 다시 상기시킨다. 목차 공부법을 설명할 때 말했듯이, 내가 배울 개념이 전체 교과 흐름에서 어디를 차지하는가를 아는 건 나의 약점을 파악하는 데 매우 중요하다. 1부터 10까지의 단계 중에 4번 단계에 약점이 생기면 5부터 10까지의 개념은 물론이고 4번 개념과 연계되는 1~3번 개념도 약화되기 때문이다. 그러므로 교과서가 기준이 되어 내가 배울 개념이 전체 속에서 어떤 의미를 지니는지, 앞뒤 단원 개념과의 연결도 해보며 공부의 흐름을 파악할 수 있다.

2. 이 개념을 보면 어떤 질문이 떠오르는가? '생각 열기'

교과서를 보면 매 단원을 시작할 때마다 생각 열기라는 간단한 질문이 나온다. 일상생활에서 관찰할 수 있는 현상을 보여주며 그에 대한 감상을 묻거나, 짧은 우화로 질문을 던진다. 이 생각 열기는 앞으로 배울 개념을 이해할 실마리를 주는 질문이다. 이제 배울 내용이 생각 열기에 언급된 내용과 관련이 있으니, 이를 통해 앞으로 뭘 배울지를 감을 잡으라는 것이다.

그리고 생각 열기 질문에 짧은 답을 생각해보며, 개념에 대해 질문하는 훈련을 할 수 있다. 본격적인 개념을 배우기 전, 상대적으로 답하기 쉬운 질문에 답하고 계속 고민을 이어가는 연습을 하면 교과서에 나오는 개념들을 좀 더 체계화하며 이해하는 데 도움이 된다.

3. 이 개념을 가장 확실히 알 수 있는 문제는? '예제 풀이'

학습 내용을 가장 잘 반영한 대표적인 문제이자 모범적인 풀이가 바로 교과서의 예제이다. 교과서로 공부한다면서 개념만 보고 예제는 건너뛰는 학생들이 있는데, 예제만큼 개념과 문제를 명확하게 연결한 문제는 없다. 예제의 난도가 너무 쉽다며 기출문제로 문제 풀이를 대신하려 하지만, 오히려 기출문제는 여러 개념을 꼬아놓았기 때문에 개념의 경계가 흐려질 수 있다. 반면 교과서에 나오는 예제만 풀어도, 그리고 그 예제를 풀면서 질문을 던져 따져본다면 기본 개념은 확실히 잡힌다.

좋은 교과서란 위의 세 가지 기능을 충족하는 교과서다. 그런데 사실 모든 교과서가 위의 세 가지 기능을 다 갖추고 있다. 모두 목차가 있고 단원별 학습 목표를 밝히며, 생각 열기와 예제로 개념을 고민하고 생각하게 해준다. 즉, 특별히 좋은 교과서란 없다. 그보다는 제대로 된 교과서 공부법만이 존재할 뿐이다. 교과서를 완벽히 이용할 줄 알면 어떤 교과서든 상관없다.

독서는 공부에
도움이 될까?

내 인생에서 떼려야 뗄 수 없는 두 가지, 게임과 책이다. 책은 특히 공부라는 것을 해봐야겠다고 마음먹게 한 큰 원동력이었다.

늘 돈이 부족했던 나는 학교 수업이 끝나면 삼삼오오 모여 놀러가는 친구들 사이에 끼기 어려웠다. 그래서 줄곧 구립 독서실로 향했다. 당시 구립 독서실은 하루에 500원이면 온종일 사용할 수 있었기에 독서실에 가고 싶어서가 아니라 마땅히 갈 곳이 없어서 갔다. 거기서 전집 회사에 다니시던 어머니가 가끔 가져다주신 학습지를 풀었고, 집에 가서 스티커를 받는 게 유일한 낙이었다.

당시 국어, 영어, 수학 등 주요 과목의 학습지는 수준별로 과정이 다양해서 내가 할 수 있는 것이 적었지만, 한자는 그 수준에 관계없이 풀 수 있었다. 그렇게 시작했던 한자 공부는 여러모로 큰 도움이 되었고, 무엇보다 책 읽기가 훨씬 수월해졌다.

알고 있는 어휘가 많으면 많을수록 독해력이 좋아지는 건 당연한 이치이다. 모르는 말이 계속 튀어나와 사전을 찾아가며 책을 읽으면 흥미도 떨어지고 집중도도 떨어질 수밖에 없다.

예를 들어, 한자를 공부하면서 '풍광, 관습, 독자적, 발급'과 같은 단어와 맞닥뜨리면 이렇게 바로 유추할 수 있었다.

- 풍광(風光): 바람과 빛.

  즉 바깥 경치를 떠올릴 수 있다.
- 관습(慣習): 익숙할 관(慣), 익힐 습(習).

  습관(習慣)과 유사한 말이다. 이 두 한자를 생각하면, '익숙한 것'이라는 뜻을 유추할 수 있다.
- 독자적(獨自的): 홀로 독(獨), 스스로 자(自).

  한자의 뜻을 보고 혼자 스스로 하는 모습을 떠올릴 수 있다.

- **발급(發給)**: 필 발(發), 줄 급(給).

  이 두 가지 한자를 알면 '만들어서 주는 것'이라는 뜻임을 알
  수 있다.

물론 어렸을 때는 그 한자의 뜻을 익혀도 기억하지 못할
때가 많았다. 하지만 독서에 도움이 된 것만은 확실하다. '발
급'이라는 단어에 쓰인 두 한자의 뜻을 알고 있다면, 같은 한
자가 쓰인 '발생(發生)'과 '지급(支給)'이라는 단어를 보고 각각
한 글자는 이해할 수 있어서 단어의 뜻을 유추할 수 있기 때문
이다. 마찬가지로 '독자적'이라는 단어에 들어가는 한자를 모
두 알면 같은 한자가 쓰인 독립(獨立), 고독(孤獨), 자기(自己),
자신(自身), 자존심(自尊心) 등과 같은 단어의 뜻도 충분히 유추
할 수 있다.

교과서에 나오는 단어 또한 대부분 한자로 이루어져 있
다. 예를 들어, 수학에서 '이심률(異心率)'이라는 단어를 보았을
때, 그것의 사전적 의미 그대로 '원뿔 곡선 위의 각 점에서 초
점까지의 거리와 그 점에서 준선까지의 거리의 비'라고 외우
는 것과 한자를 보면서 '중심의 위치가 멀다'라고 유추해가며
이해하는 것은 다르다. '분산(分散)' 역시 한자를 보면서 '평균
에서 흩어진 정도'라고 그 뜻을 상상하는 것은 그저 용어를 달

달 외우는 것과는 확연한 차이가 있다.

이처럼 뜻을 유추하고 상상하며 읽는 것은 단순히 뜻을 외우는 것과는 분명 다르다. 한 단어에 대한 이해도는 얼마큼 상상할 수 있는지에 따라 반드시 달라진다.

초등학교 때 돈이 없어 어쩔 수 없이 독서실에 가서 꾸역꾸역 한자를 공부했던 것이 결과적으로는 책 읽는 과정에 긍정적인 영향을 미쳤다. 모르는 단어가 적으니 또래에게는 조금 어려운 글도 쉽게 읽으며 이해할 수 있었고, 모르는 단어를 접했을 때도 비슷한 단어를 떠올리며 단어의 뜻을 유추하며 이해할 수 있었다.

독서, 그리고 한자는 공부에 꽤 도움이 된다.

모의고사를 보고 나서
반드시 해야 하는 공부

모의고사를 통해 자신의 약점을 보완해가는 과정에 대해 좀 더 구체적으로 살펴보자.

1. 모의고사 때 나름대로 생각하면서 문제 풀이를 시도했지만 잘 안 풀린 경우

이것은 명실상부 본인의 약점이다. 그렇다면 먼저, 모의고사를 풀 때 내가 어떻게 풀었는지를 복기하고 이렇게 자문하라.

- 왜 처음에 이렇게 접근했을까?

- 풀이를 왜 이렇게 이어나갔을까?

- 왜 이렇게 마무리를 지었을까?

- 왜 이렇게 생각했을까?

이렇게 질문했다면 반드시 이에 대해 답해야 한다. 이 질문에 대한 답을 명확하게 알아야만 다음번에 비슷한 문제가 나왔을 때 새롭게 세운 전략으로 접근하여 문제를 풀 수 있다.

계속 강조하지만 풀이를 할 때는 교과서의 기본 개념과 연결 지어야 한다. 기본적인 개념은 실제로 가장 많이 쓰고 익숙한 것이다. 실전에서는 당연히 가장 익숙한 것을 활용해야만 성공한다.

2. 가벼운 문제에서 막힌 경우

이때는 '어떤 생각을 하면 막히지 않았을까'를 고민하라. 아주 기본적인 개념을 간과하면 쓸데없는 데 시간을 낭비하게 된다. 막힌 상황에서도 빨리 그 해결 방법을 떠올릴 수 있어야 위기를 벗어날 수 있는데, 기본 개념이 떠오르지 않기 때문에 시간을 버리게 된다.

분명 문제를 해결할 수 있게 하는 핵심적인 개념과 아이디어가 있다. 그게 무엇인지를 자문자답하고, 알맞은 개념과 아이디어를 활용하여 문제를 풀어가는 경험을 계속 이어가라.

3. 계산 자체가 안 되는 경우

수학 시험에서 계산은 가장 기본이 되는 요소이다. 만약 계산에서 막힌다면 좋은 점수를 기대하기는 어렵다. 문제 계산이 안 되는 원인은 문제에 잘못된 개념을 적용했거나 계산 과정이 틀린 경우로 나뉜다. 사실 문제를 틀렸을 때는 이 둘 중 정확히 무엇이 문제였는지 알기가 어렵다.

그렇다면 어떻게 해야 할까? 개념에 대한 이해도 완벽하고 계산도 완벽하면 된다. 다만 일반적으로 수능 수학 영역의 30문제 모두 기본적인 계산력을 요구하기 때문에 계산의 정확도는 기본이라고 할 수 있다.

재밌게도 계산 실수는 실력이 느는 과정에서 유독 많이 발생한다. 따라서 계산 실수를 했다면 어떤 유형의 문제에서 주로 하는지를 찾고 의식해야 한다.

마지막으로 정말 가장 강조하고 싶은 건, 부디 모의고사가 끝나면 바로 복습부터 해야 한다는 점이다. 모의고사 날은 '망했네!' 또는 '잘 봤네!' 하고 마치 수능이 끝난 것처럼 풀어져서 노는 날이 아니다. 모의고사는 끝났지만 아직 진짜 실전, 수능이 남았다. 실제로 많은 학생이 모의고사가 끝난 날에는 놀기 바쁘다. 하지만 그 시간에 약점을 분석하고 전략을 세우면서 복기해야 한다.

모의고사는 약점을 깨닫고 보완하기 위한 시험이다. 그동안 몰랐던 약점을 찾아 보완할 수 있는 기회이다. 모의고사를 잘 활용하여 꼭 실전에서 건승하길 바란다.

모의고사를
생각보다 잘 보았다면?

모의고사를 망쳤다고 수능 역시 망친 것처럼 좌절하여 그때부터 자포자기하는 학생들이 있다. 반면, 모의고사를 잘 보았다고 마치 수능에서도 좋은 성적을 낼 것처럼 그 성적에 취해 있는 학생도 많다.

모의고사를 망쳤을 때 실망하지 않는 것도 중요하지만, 잘 보았을 때 자만하지 않는 것도 못지않게 중요하다. 시험을 망쳤든 잘 보았든 끝까지 집중해야 하는 것은 똑같다.

'이번 시험을 통해 알 수 있었던 나의 부족한 부분은 무

엇이고, 그것을 채우려면 어떻게 해야 하는가.'

수능이 다가올수록 '침착한 태도'를 지녀야 한다. 게임에서도 지고 있을 때 정신을 바짝 차리면 역전이 가능하고, 이기고 있어도 정신을 놓고 있으면 역전당한다. 시험도 마찬가지다. 수능 날이 다가올수록, 그리고 모의고사를 잘 볼수록 자만심에서 벗어나기 위해 '초심'을 되새겨야 한다.

초심을 갖는 것은 어렵지 않다. 그것을 지키는 것이 몇 배는 더 어렵다. 처음 시작할 때의 마음은 이상이었고, 공부는 현실이기 때문이다.

그런데 초심은 그냥 가만히 둔다고 지켜지는 게 아니다. 초심을 유지하기 위해 노력해야만 유지된다. 무엇을 하든 맨 처음 했던 다짐들은 시간이 지나면서 그 위에 먼지가 쌓이고 몸과 마음의 괴로움에 묻혀 색이 닳고 바래면서 결국 잊히게 마련이다. 그것은 사람이기에 당연하다. 다만, 끝까지 초심을 지킨 사람은 반드시 목표를 이룬다.

현실의 불안함과 괴로움을 이겨낼 수 있을 정도의 초심이 있는가? 만약 그것이 있다면, 여러분은 결국 원하는 곳에 나가살 수 있을 것이다.

공부를 처음 시작했을 때의 마음을 떠올려보라. 분명 그

때는 절박함과 간절함도 있었을 것이고, 인생이 달라질 수 있다는 일말의 기대감도 있었을 것이다. 여러분이 공부해야 하는 이유를 다시 돌아보고, 그것에 대한 간절함이 있었을 때를 생각해보자. 그때를 기억하고 초심 그대로 끝까지 나아가야 한다.

수능 D-100, 이때부터 시작하면 늦은 걸까요?

수능 100일 전에 시작하면 늦은 게 아니냐고 묻는 학생들이 있다.

맞다. 늦었다. 다른 학생들은 그전부터 치열하게 노력해왔고, 그때도 변함없이 공부하고 있다. 하지만 이렇게 묻고 싶다. 그렇다고 포기할 것인가?

늦은 것도 맞고 본인이 남들보다 노력하지 않은 것도 맞다. 하지만 포기하기에는 이르다. 그만큼 남은 기간에 더 치열하게 공부하면 된다. 결국 수능의 목표는 반드시 만점을 받고 1등급을 받는 게 아니라, 만점을 받을 확률 또는 1등급을 받을 확률을 높이는 것이다.

남들보다 10배 공부했어도 정작 수능 당일 컨디션이 어떨지, 그날 어떤 일이 일어날지는 아무도 모른다. 따라서 누가 더 높은 점수를 받을 확률을 높이는지가 승패를 가른다. 반드시 만점을 받는 공부법 같은 건 없다. 계속 노력해서 높은 점수에 다다르는 가능성을 높일 수 있을 뿐이다.

만약 수능을 두 달 남짓 앞둔 9월 모의고사에서 영어 점수를 75점 받았다고 생각해보자. 이때 두 가지 유형으로 이후의 대처 방식을 고려할 수 있다.

A *"영어 75점으로 대학을 갈 수가 있나? 이번 수능은 망했네. 지금이라도 딴 길을 찾아볼까?"*

B *"75점이면 25점만 더 맞으면 좋은 대학 가겠네. 25점이 부족한 이유는 뭘까?"*

이 생각의 차이가 결과에서도 큰 차이를 만들어낸다. 수험생들에게는 각자 공부해야 하는 이유, 공부의 목적이 있을 것이다. 그 목적이 없다면 먼저 그것부터 찾아야 하지만, 공부를 해야 하는 분명한 이유가 있는 상황에서는 영어 점수를 75점 받았을 때 해야 하는 건 좌절이 아니다.

또 어떤 학생은 수능 'D-100'이라는 이유로 특별한 날이니까 하루 정도 쉬어야겠다는 나태함을 보이기도 한다. 하지만 이때도 해야 하는 건 변하지 않는다. 계속 약점을 채우고 공부하는 것. 그것에만 집중해야 한다.

특히 수능이 100일 남짓 남았을 때는 이제 실전을 시뮬레이션해야 한다. 수능을 완벽하게 치렀다는 말은 어떨 때 할 수 있을까? 꼭 만점 맞지 않아도 후회 없이, 실력만큼 잘 보고 왔을 때 할 수 있을 것이다. 이를 위해서는 수능날 보게 되는 모든 문제를 깔끔하게 해결할 수 있어야 한다. 즉, 실수하거나 틀리지 않아야 한다. 따라서 다음의 과정처럼 자신의 약점을 더 철저하게 찾고 보완해야 한다.

- *문제를 풀고 틀렸을 때 그냥 해설지를 읽어보기보다는 수능에 같은 지문이 나왔다고 가정했을 때 어떻게 해석해야 할지 한 번 더 고민하기*
- *문제 풀이를 달달 외우기보다는 문제 풀이의 의미를 스스로 재해석하고 자기 것으로 만들기*
- *타인의 지문 해석을 그냥 받아들이기보다는 나만의 해석 실력을 키우기*

수능 100일 전부터는 이런 태도로 임해야 한다. 본질로 돌아가라. 시험에서 가장 신뢰할 수 있는 것은 기본 실력이다. 그러니 100일만 남았다는 사실에 좌절하거나 초조해하지 마라. 분명 긴 시간은 아니지만 자신의 약점을 알아내기에는 충분하다. 자신의 문제점이 무엇인지, 해결책은 무엇인지 끊임없이 자문자답하라.

반수 시절, 수능 시험장에 들어갈 때 이렇게 생각했다.

'이렇게 공부했는데도 안 되는 거라면, 이건 내 길이 아니야.'

어떤 결과든 받아들일 수 있을 만큼 나에게 당당한 태도로 시험에 임할 수 있어야 한다. 그러니 D-100이든, 10일 전이든 한결같은 자세로 치열하게 공부하라. 그래야 마음 편히 시험에 임할 수 있다.

실전 대비를 위한
'수능 날 시뮬레이션'
방식을 알려주세요

수능이 다가오고 D-100이 되었을 때, 유난히 호들갑을 떠는 학생들이 있다. 수능은 생일이나 기념일과 같은 이벤트가 아니다. 그 하루로 내 인생이 크게 뒤바뀔 수도 있는 '시험'을 보는 날이다. 따라서 디데이가 다가올수록 흥분하기보다 오히려 더 긴장하고 철저히 대비해야 한다. 호들갑을 떤다는 건 오히려 대비가 덜 되어 있다는 증거이기도 하다. 꾸준하고 열심히 공부하고 있다면 그런 디데이는 아무런 의미가 없다.

사실 아무리 공부를 열심히 했고, 모의고사에서 고득점을 받아왔다 한들, 정작 컨디션 조절에 실패하거나 당일 너무 긴장하여 시험을 망치는 경우는 수두룩하다. 나 또한 만반의 준비를 다 했다고 과신했던 두 번째 수능에서 수학 문제가 한 번 막히는 순간부터 급속도로 조급해져 영어와 과학탐구까지 시간이 부족해지는 경험을 했다. 심지어 점심시간에 밥을 먹을 때는 지금까지 해온 공부가 헛수고가 되었다는 기분에 눈물까지 쏟았다.

이처럼 수능에서는 어떤 일이 벌어질지 모른다. 수능은 단 한 번의 실패를 만회하려면 또 1년을 기다려야만 할 정도로 가혹한 시험이다. 따라서 '점수를 따야 하는 시험'을 준비할 때는 그 시험 당일에 대한 대비도 반드시 미리미리 해야 한다. 그렇다면, 수능이 다가올수록 어떤 대비를 하는 게 좋을까?

첫째, 모의고사 때 수능 당일의 '시뮬레이션'을 해본다

나는 삼수 때 6월 모의 평가부터 실제 시험처럼 준비했다. 이때부터 보는 모의고사는 자신의 '실전 실력'을 파악할 수 있는 기회이다. 즉, 모의고사지만 수능 당일이라고 생각하고 임해야 한다.

모의고사를 수능처럼 임한다는 건 '나는 수능 직전이나 당일에 이렇게 할 것이다'라고 생각하는 행동 양식을 모의고사 당일 그대로 해보는 것이다. 예를 들어 수능 3일 전부터 기출문제 복습과 정리에 집중하기로 했다면, 모의고사 3일 전에도 똑같이 해본다. 이 행동 양식은 구체적일수록 좋다. 수능 당일 커피를 가져갈 건지 말 건지, 아침은 먹을 건지 말 건지 등도 결정하고 그대로 해본다.

이렇게 실전처럼 행동해보면 상상으로는 괜찮을 줄 알았는데 실제로 해보니 본인에게 안 맞거나 오히려 부정적인 영향을 주는 경우를 발견할 수 있다. 예를 들어 점심이 너무 배부르면 영어 시간에 졸릴까 봐 점심으로 간단히 빵만 싸 가려고 했는데, 수능 시뮬레이션에서 탐구 시간에 배가 너무 고파지는 걸 느껴 실제 수능에서는 김밥과 국물을 싸갈 수도 있다. 이처럼 시뮬레이션에서 발견한 불편들은 반드시 수정해야 한다.

가끔 모의평가 당일 이상하게 원래보다 더 점수가 잘 안나오고 컨디션이 저조한 경우도 있다. 그 원인은 여러 가지일텐데 만일 정신적인 부분이라면 더욱 수정이 어려우니 여러 방법을 시도하여 수능 날이 오기 전에 고쳐야 한다. 물론 모의고사를 보는 날이 수능 당일과 완전히 같을 수는 없다. 다만 수능과 가장 비슷한 시험이기에 반성과 성찰의 기회가 될 수는 있다.

둘째, 6월부터는 반드시 취약한 부분을 복습한다

수능에서 고득점을 얻으려면 '약한 부분'을 맞혀야 한다. 모의고사를 볼 때는 그렇게 약점을 보완한 과정이 실전에서 문제를 풀 때도 효과가 있는지 점검해야 한다.

만약 모의고사를 봤는데 75점을 맞았다면 앞으로 '25점'만 더 채우면 된다. 물론 25점을 채운다는 건 생각보다 쉽지 않다. 지금까지 배운 개념을 실제 낯선 문제에 똑같이 적용하는 게 어렵기 때문이다. 그래서 약한 부분을 우선적으로 복습해야 한다.

물론 그렇게 복습해도 실전에서 또 틀릴 수도 있다. 결과는 어차피 알 수 없지만, 문제를 풀 때 들었던 느낌을 기억한다는 점에서 분명 유리한 지점이 있다. 내가 공부했던 것을 낯선 문제에 적용할 때 그 느낌을 기억했다가, 다음에 또 똑같은 문제가 나왔을 때 개념을 어떻게 적용할지에 대한 전략을 세워야 한다. 이렇게 전략을 세워서 매일 조금씩 나아지기 위해 노력하면 충분히 나머지 25점을 채울 수 있다.

하루에 1점만 늘었다 해도 충분히 가치 있는 발전이라 할 수 있다. 그런 날이 100일이 모이면 총점 100점이 늘어나는 것이라는 마음가짐으로 포기하지 말고 꾸준히 나아가자.

수능에서 N수생이 당연히 유리한 거 아닌가요?

'재수를 할까 말까?' 고3 때 원하는 성적이 나오지 않으면 이 문제로 정말 오랫동안 고민한다. 친구들이 대학생이 되어 캠퍼스에서 핑크빛 낭만을 즐기고 대학생이라는 신분으로 누릴 수 있는 것들을 누리며 살아갈 때, 그 1년을 수능에 쏟을지를 결정하는 것은 결코 쉬운 문제가 아니다.

하지만 지망한 학교나 전공에 대해 확신이 없고 대학에 대한 목표가 없어 하향지원으로 학교에 들어가야 하는 경우기나, 반대로 꿈이 명확하여 다시 도전하여 가고 싶은 대학이 있다면 N수를 고려하는 게 낫다고 본다.

간혹 고3 학생 중에 재수생 또는 N수생에 비해 본인이 훨씬 불리하다고 여기고 그들과 함께 경쟁하는 것에 지레 겁을 먹어 무기력해하는 학생들이 있다. 그런데 생각보다 N수를 해서 합격한다는 보장같은 건 없다. 나만 해도 하루 15시간 이상 공부하며 1년을 전부 퍼부은 재수에서 침울한 결과를 얻었으니 말이다. 사실 재수를 시도한 많은 사람이 재수를 한다고 해서 반드시 성공하는 것도 아니며, 오히려 고3보다 불리하다고 이야기한다.

재수와 삼수, 그리고 반수까지 겪으며 직접 경험한 각각의 차이는 분명했다. 또한 재수나 N수가 고3보다 불리할 수 있는 이유도 깨달았다.

첫째, 수능을 준비할 수 있는 시간이 현역보다 많이 남았다는 생각에 왠지 모를 안도감으로 공부를 제대로 안 하는 경우가 많다. 1년의 시간을 더 얻은 거라 생각할 뿐, 어떤 기회를 날리고 얻은 1년인지 망각한다.

둘째, 첫 번째 수능에서 무엇이 부족했는지 반성하지 않는다. 나의 경우, 망쳤던 수능 시험지를 다시 보기가 싫었다. 내가 무엇이 부족했는지 대면하는 게 너무나 무서웠다. 그래서 계속 '시간이 부족해서 못했던 것'이라고 생각해버리고 내 약점과 대면하지 않았다.

셋째, 투자한 만큼 대가가 돌아오지 않을 수도 있다는 생각을 하지 못 한다. 자신은 1년을 더 썼기에 근거 없이 잘될 거라고 믿어버린다. 나도 그랬다. 이렇게 노력하고 투자했으니 나는 무조건 잘되어야 한다고 생각했다. 하지만 시간을 더 썼다고 잘되는 법은 없다. 수능의 결과는 냉정하기에 그동안 공부해온 과정이 어떻든 수능을 잘 봐야 한다. 그동안 아무리 공부를 오래 했고, 돈을 많이 썼다 해도 그 한 번의 시험을 잘못 보면 원하는 대학에 갈 수 없고 생각했던 인생을 그려나갈 수 없다.

주변 친구들이 모두 수능을 공부하고 학교 스케줄에 따라 공부하는 고3과 달리, N수생들은 스스로 공부 분위기를 만들지 않으면 그 누구도 대신 만들어주지 않는다. 또한 혼자 공부하다 보면 '나는 이만큼이나 오래 공부했으니 당연히 그에 맞는 대가를 받을 것이다'라는 착각에 빠지기 쉽다.

고3이라면 반드시 그해에 승부를 보겠다고 마음먹어야 한다. 아무리 부족해도 우선은 재수는 생각도 하지 말고 최선을 다하는 게 먼저다. 혹시나 재수를 하게 된다면 고3 때 부족했던 점을 철저하게 분석하여 고쳐야 하고, 갑자기 늘어난 자유 시간을 흐지부지 보내기보다는 마음을 다잡아야 한다. N수까지 이어지지 않기를 바라면서 말이다.

N수를 하기 전에
고민할 것

많은 학생이 N수와 반수 중 무엇이 낫냐며 궁금해한다. N수를 고민하는 학생들의 사연이 다양하기 때문에 섣불리 대답하기 어렵지만 내 경우에는 반수도 도움되었다. 계속 수험생으로 지내는 것과 대학생의 삶을 살면서 수능을 준비하는 것은 마음가짐이 다르다.

보통 고3 때는 대학 생활을 떠올리며 핑크빛 상상을 하곤 하지만 실제 대학교 생활을 해보면 경쟁적인 수강 신청과 빡빡한 과제 등으로 그 환상이 얼마 안 가 쉽게 깨진다. 그러면서 다시금 자신의 꿈에 대해 진지하게 생각해보게 된다.

'내가 그냥 대학 생활을 하고 싶어서 점수에 맞춰 진학한 게 아닐까? 내가 이 학교에서 하고 싶은 일을 하며 원하는 대로 삶을 계획할 수 있을까?'

그러다 보면, 현재 다니는 학교가 내가 바라는 것인지에 판단이 선다. 이를 바탕으로 반수를 하게 된다면, 다시 한번 공부해서 수능을 치르는 데 더 큰 동기부여를 받게 된다.

재수를 택하든 반수를 택하든 그보다 중요한 건 '어떤 삶을 살아야 할지'를 생각하는 것이다. 다시 한번 거쳐야 하는 수험생의 생활이 내가 살아가고 싶은 삶과 맞닿는 게 중요하다. 단순히 대학의 이름값을 높이고 싶어서, 또는 지금 다니는 대학에서도 충분히 복수전공이나 전과 등으로 기회를 찾을 수 있는데도 반수를 선택하기보다는 자기 삶의 철학을 현실화하기 위한 용도로 반수를 택해야 한다.

마지막으로 N수를 할 때 중요한 마음가짐 하나를 조언하고 싶다. 일희일비하지 마라. 쉽게 절망에 빠지지 않는 회복 탄력성을 지니길 바란다. 며칠 공부에 제대로 집중하지 못했거나 친구와 노는 데 시간을 썼다고 해서 너무 자책하지 말자.

N수 때는 마음이 훨씬 조급해지기도 하고, 그만큼 유혹에 흔들리기도 쉬워진다. 그러므로 마음이 흐트러졌을 때 절망에 빠지기보다는 중간중간 적절히 에너지를 충전하고 이를 다시 공부에 쏟는 게 좋다. 그리고 열심히 하고 있다면 오히려 잠깐의 일탈이 공부에 도움이 될 수도 있다. 물론 이때도 자신의 꿈과 삶의 철학이 무엇인지 잊지 않는 건 필수다.

나는 현재 치대를 다니며 꿈에 한 발짝씩 다가가고 있으면서도, 가끔 이런 생각을 해본다.

'정말 꼭 다시 수능을 공부해야만 했을까? 그 시간이 낭

비는 아니었나?'

하지만 다시 돌아가더라도 그렇게 했을 것이다. 공부해야
만 하는 이유가 있었기 때문이다. 그래서 공부에만 집중할 수
있었고 원하는 결과를 만들어낼 수 있었다. 공부는 이유를 알
고 그에 합당한 노력을 하면 반드시 극복할 수 있는 산이다.
재수든 N수든 해야만 하는 이유가 있다면 망설이지 말고 도
전하라. 그러한 노력 끝에 맞이한 대학 생활은 더더욱 소중하
게 느껴질 것이다.

수학 100점 맞는
비결이 있나요?

그 어렵다는 수학 100점. 여러분의 목표가 100점이라면 당연히 내가 말한 공부의 기본을 잘 지켰을 것이다. 또는 자신만의 공부 비법을 가지고 있을 수도 있다.

그런데 수학에서 만점을 가르는 가장 중요한 요소가 하나 있다. 바로 '검토'다. 어느 정도 수학 개념들을 이해하고 있고, 개념 간 연결이나 개념과 문제의 연결 등 연결 공부법도 활용하는 학생이라면 이제는 검토에 신경을 써야 한다. 실력이 아주 뛰어난 사람이 아니고서야, 검토하지 않고서는 쉽게 100점을 맞기 어렵다.

효율적인 검토를 위해 중요한 두 가지는 다음과 같다.

1. *개념의 깊은 이해*
2. *정확한 계산*

수학 만점을 이루고자 한다면 여러분은 확신을 가져야 한다. 한 세트를 풀 때, 30문제 중 25문제는 무조건 맞았다는 확신이 있어야 한다. 그 정도여야 100점을 노려볼 수 있다.

나는 수능 시험장에서 스스로 정답을 맞혔다고 확신한 문제에는 동그라미 표시를 했다. 혼자 공부할 때도 확실히 맞혔다고 생각한 문제는 동그라미 표시를 했다. 만약 정답을 확신한 문제가 틀렸다면 왜 틀렸는지 명확히 알 때까지 탐구했다.

수능 때도 이와 마찬가지로 문제를 다 풀고 다시 검토하며 개념을 헷갈려 잘못 적용한 곳이 있는지, 단순 계산에서 실수한 곳이 있는지를 중점적으로 파악했다. 모든 문제 풀이 과정을 스스로 이유를 대며 왜 이 개념을 써야만 하는지를 다 설명할 수 있어야 검토가 완료된다.

수학을 공부할 때마다 다음 네 단계에 따라 문항을 검토하는 습관을 길러보자.

1. *실전 수능처럼 문제를 푼다*

   이때 확실하게 정답을 맞혔다고 생각하는 문제는 맞혔다는 표시를 한다. 확신한 문제 중 틀린 문제는 더 면밀히 풀이 과정을 따져본다.

2. *풀이 중 계산이 특히 오래 걸렸거나 막혔던 문항을 검토한다*

   자주 하는 계산 실수는 기록해두었다가 앞으로 틀리지 않을 방법을 고민한다.

3. *틀렸거나 어렵게 맞힌 문항의 풀이는 한 줄 한 줄의 이유를 자문자답한다*

   이 과정을 시간 낭비라고 생각하면 안 된다. 정말 고득점의 실력이 되고 싶다면 당연히 이유도 알고 있어야 한다.

4. *수능 수학 영역 시험 시간인 100분을 검토 시간이 충분히 확보되도록 계획한다*

   계산의 안정감은 검토에서 나온다. 반드시 검토 시간을 확보하라.

N회독은 쓸모가 없나요?

나는 여러 커뮤니티에서 공부 멘토로도 활동하고 있다. 이때 'XX(교재 이름)를 N회독 하면 성적이 오른다는데 진짜일까요?'라는 물음을 종종 듣는다. 우리 주변에는 5회독 완성, 10회독 완성 등 같은 교재를 몇 번 다시 읽는 공부법이 수능 고득점을 보장한다는 이야기가 있다. 그 말에 실제로 N회독에 도전한 학생도 많다.

나도 중학생 때는 교과서를 여러 번 읽고 베껴 쓰며 잠깐 동안 성적을 유지하기도 했다. 딱히 N회독을 염두에 두고 공부한 건 아니었지만 그땐 나름 효과가 있었다. 중학교 때까지는 교과서에서 배우는 개념의 수준이 그리 높지 않고 양도 많지 않아 단순 N회독으로도 학교 시험 정도는 잘 볼 수 있었던 것 같다.

반면 수능은 조금 다르다. 수능은 시험 범위가 넓으며 심지어 국어는 범위 자체가 없다. 어떤 문제가 어떤 방식으로 나올지 모를 수능에서 특정 교재를 N회독 한다고 큰 의미가 있을까?

N회독의 핵심도 결국 '이해까지 가닿는 생각과 질문'이다. 읽은 교재를 활용하여 기본 개념부터 개념 간 연결까지 완전히 이해된다면 그 N회독은 성공적이다. 반면 만일 100번을 읽었는데도 기출문제가 이해되지 않는다면 그건 제대로 N회독이 이루어졌다고 할 수 없다.

즉, 중요한 건 몇 번을 읽었느냐가 아니라 얼마나 생각했느냐다. 결국 N회독은 개념을 이해할 확률을 높여주는 수단일 뿐, 이해해야 한다는 목적은 변함이 없다.

나는 N회독을 한다는 학생들에게 묻는다. 회독을 거의 외우다시피 하는지, 어떤 점이 부족하고 어떤 점을 채워야 하는지를 계속 질문하면서 하는지. 이 둘은 질적으로 다르다. 치열하게 질문하면서 문제를 이해하려는 시도와 그렇지 않은 시도는 분명 다른 결과를 낳을 수밖에 없다.

여러분에게 묻고 싶다. 'N회독으로 1등급을 만들 수 있나요?'라는 질문에는 본질적인 실력을 늘리는 것에 대한 고민이 들어 있을까?

N회독의 진정한 함정은 남들이 이렇게 하면 된다고 하니 나도 한다는, 목적 없는 공부라는 점이다. 내가 지금 뭘 알고 모르는지도 제대로 파악하지 못했으면서 남이 하는 공부를 따라가는 것만큼 시간 낭비인 공부가 없다.

공부는 자신이 정해둔 목표를 향해 끊임없이 달려가는 '자신과의 싸움'이다. 다른 사람을 이기려고 하거나 그들이 뭐 하는지를 훔쳐보고 따라할 필요가 없다. 그 시간에 더 자신에게 집중하라.

N회독 공부법을 실천하더라도 핵심을 생각하며 반복하는 거다.

깜지 쓰기랑
해설지 쓰기가 다른가요?

나도 무작정 써대는 공부를 했었다. 일명 깜지. 깜지 쓰기 공부의 역사를 살펴보면 중학교 때로 거슬러 올라간다. 그때는 교과서를 몇 번이고 공책에 베껴 쓰면서 공했다. 교과서의 문장을 내 식대로 바꾸지도 않고 아주 똑같이 베꼈다. 요즘 말로는 필사라고 할 것이다. 중학교 때는 이렇게 해도 됐다. 선생님들도 문제를 낼 때 교과서의 문장을 그대로 가져다가 쓰셨기 때문에, 문장의 시작과 끝만 봐도 어떤 내용인지를 떠올릴 수가 있었다.

그런데 이 방법은 수능을 준비할 때는 하나도 도움이 되지 않았다. 수능 문제는 교과서에서 배운 개념을 꼬고 바꾸고 복잡하게 얽어놓아 문제를 관통하는 기본 개념의 핵심을 모르면 도저히 알 수 없게 만들어 놨기 때문이다. '깜지 공부법'이 '깜깜해지는 공부법'이 되는 이유다.

　물론 손으로 쓰며 공부하는 것이 두뇌 자극에 도움이 된다는 이야기는 있다. 근데 그건 초등학생 때, 뇌가 성장할 때나 맞는 말이다. 시험을 위한 공부를 해야 하는 학생에게는 체력적, 정신적으로 악영향만 준다. 특히나 두유로 하루를 버텨야 했던 나는 깜지 공부법이 체력 소모를 심하게 만들어 나중엔 집중력까지 떨어뜨리는 악영향을 주기도 했다.

　그렇다면 깜지 대신 해설지를 쓰면 어떨까? 문제집이 써둔 해설지를 베껴 쓰는 게 아니라, 내가 스스로 해설지를 쓰는 거다. 나는 재수를 완전히 망쳐버리고 나서 대부분의 시간을 홀로 보냈다. 그리고 스스로에게 질문했다.

　'내 모든 것을 쏟아부었는데 왜 실패했을까? 도대체 어떻게 해야 조금이나마 나아질 수 있을까?'

　어렵게 다짐한 삼반수를 시작하면서, 이제는 달라져야만 했기 때문에 대책이 필요했다. 무엇보다 나는 작년처럼 공부하고 싶지 않았다. 작년처럼 하면 또 실패할 것만 같았다. 하지만 무엇이 문제인지 알아내는 건 생각보다 간단하지 않았다.

그러던 중 주머니 사정 때문에 기출문제를 제본하면서 해설지를 직접 쓰게 됐다. 어떻게 푸는 게 최적의 풀이법인지를 기본 교재인 교과서를 보고 해설을 적었다. 이 과정에서 나는 내가 왜 재수를 실패했는지 깨달았다.

'내가 처음부터 끝까지 설명할 수 없는 해설은 온전히 내 것이 아니다.'

그냥 교재 출판사에서 쓴, 해설을 보고 '아 그렇구나.' 하고 넘긴다면 나중에 누가 왜 이 해설이 나왔냐고 물었을 때 그 이유를 기본 개념을 들어 설명할 수가 없다.

깜지 공부법은 공부의 양이 눈에 보이기 때문에 자칫 본인이 공부를 정말 많이, 제대로 했다고 믿게 만들 수 있다. 그러나 진정한 공부는 눈에 보이는 깜지의 양이 아니라 머릿속으로 생각한 양이다.

Part 4

삼수생 입시 루저,
공부로 구원받다

공부에 꿈이 필요한 이유

돈이 없어서
책을 붙들었다

누군가는 pc방을 전전하며 게임 폐인으로 살던 내가 단숨에 공부에 빠져들어 원하는 대학에 간 이야기가 '그래도 공부머리 있는 아이의 특별한 이야기'로 들린다고 말한다. 아무리 힘들었어도 결국 가진 게 많았으니까 좋은 결과를 얻은 게 아니냐며 말이다. 이게 사실이라면, 이 세상에 성공은 정해져 있고 개인은 아무리 노력해도 성취를 이룰 수 없다는 말이 된다.

하지만 차라리 게임 속 캐릭터가 되고자 했던 게임 폐인이 치대생이 될 수 있었던 건 영웅의 능력 덕분도, 하늘이 내린 큰 운 덕분도 아니다. '내가 왜 살아가야 하는가?'라는 이유를 찾았기 때문이다.

내게 남아 있는 기억 중 가장 오래된 것은 상도동 국사봉 언덕 위에 있던 나의 어릴 적 집에서의 추억이다. 정확히는 기억나지 않아도 그때는 부모님, 형, 누나와 함께 가끔 나들이도 가고, 겨울에는 언덕에서 눈썰매도 타면서 별다른 걱정 없이 지냈다.

그러나 초등학교에 입학할 때쯤 아버지의 사업이 실패하면서 이사를 가게 되었고, 평화로웠던 나의 일상도 순식간에 팍팍해졌다. 다섯 식구가 간신히 누울 수 있는 좁디좁은 방과 쥐가 출몰하는 비위생적인 환경. 게다가 나빠진 집안 사정을 다시 일으키고자 부모님은 이곳저곳 일하러 다니시느라 나는 혼자 남겨진 시간이 많았다.

그러다 4학년 즈음에 다시 한 번 이사를 가게 되었다. 이번에는 일명 쓰레기집이었다. 근처 마트에서 버린 쓰레기를 모아두는 곳의 바로 옆집이었던 터라 늘 집 앞에 쓰레기에서 나온 더러운 물이 고여 있었고 여름에는 악취가 진동했다. 그때부터 '가난'은 나를 따라다녔다. 돈이 없어서 오락도 못 하고,

쓰레기 냄새가 나는 집에서 살아야 한다는 것은 꽤 불편했다.

만일 내가 진짜 특별한 공부머리가 있었다면, 이쯤부터 이미 '이런 가난에서 벗어나기 위해 열심히 공부해야겠다!'라고 다짐하고 공부했을 것이다. 하지만 나는 가난한 나날을 게임으로 채울 궁리만 했다. 가난이 불편하지만 그걸 이겨낼 수 있을까 싶었다. '우리 집의 사정이야 부모님이 알아서 하실 일이고, 나는 그냥 게임이나 즐기면 되겠지'라고 생각했다. 이런 생각으로 청소년 시절을 보냈으니 후회와 핑계밖에 댈 수 없었다.

그런데 놀라운 건, 이런 나도 꿈이 생기니까 모든 것이 달라졌다. 어느 날 읽고 있던 책에서 우연히 발견한 나의 꿈. '암을 이용해 노화를 해결하는 방법을 찾는 것'. 이 꿈을 이룬다면 나는 노화로 고통받는 사람들을 도와줄 수 있고, 더 나아가 세상을 바꿔나갈 수 있다는 생각을 했다. 가난하고 공부 못하는 외톨이가 이 세상에 태어난 진짜 이유, 꼭 이루고 싶은 존재적 이유 같은 것을 찾은 것이다.

한번 꿈을 찾고 나니까 그 뒤에는 정말 수십 가지 질문과 생각이 따라붙었다. '남들이 발견하지 못한 과학적 사실을 발견하면 어떻게 세상에 알려야 하지? 노화와 관련된 연구를 평생 하려면 무슨 공부를 해야 하지? 엄청 똑똑하진 않은 나도

세상을 바꿀 수 있을까? 그럼 나보다 먼저 세상을 바꾼 사람들은 누가 있지? …'

그동안 별달리 할 일 없이 하루를 흘려보내기 급급했던 내 삶이 꼭 채워야 할 것들을 찾기 위해 분주해졌다. 공부할 이유가 명확히 생겼다.

누구에게나 나처럼 인생의 꿈, 공부의 꿈을 찾는 시간이 반드시 올 것이라 믿는다. 나처럼 책을 읽고서 찾을 수도 있고, 유명인의 강연을 듣다가 깨달을 수도 있다. 또는 선생님이나 부모님, 친구들이 해주는 말 속에서 찾을 수도 있다.

'나는 아직 꿈이 없고 앞으로도 못 찾을 것 같다'는 사람도 분명 있을 것이다. 하지만 분명 누구에게나 반드시 꿈을 찾을 기회가 온다. 또는 이미 그 기회가 왔었는데 여러분이 외면해 버렸을 수도 있다. 한 번이라도 스스로의 가슴을 뛰게 한 일을 떠올려보자. 그것이 바로 여러분이 잡아야 할 꿈이다.

꿈이 생기고 나니 예전처럼 게임이나 하며 살고 싶은 마음을 떨칠 수 있게 되었다. 꿈이 나를 잡아준 원동력이 된 것이다.

과학을 연구해서 인간의 노화를 극복하겠다는 나의 꿈은 대학교에 입학한 지 몇 년이 지난 지금까지도 학업을 병행하며 학생들에게 멘토링을 할 수 있는 큰 원동력이 되어주고 있다. 그리고 하나 더, 학생들을 멘토링해주며 생긴 '모두가 노력으로써 행복을 얻을 수 있도록 돕는다'는 새로운 꿈도 나의 또 하나의 기둥이다.

비록 집에 돈도 없었고 교통사고를 당해 다리가 부러졌으며, 게임 폐인으로 살다 겨우 고3 때 꿈을 찾았고 그조차도 실패를 거듭했지만, 돌아보면 이렇게나 운이 좋은 사람을 찾아보기 어렵다고 생각한다. 지금의 나는 내가 바라는 삶의 모습대로 살고 있으니까.

여러분에게 묻고 싶다.

'넘어져도 일어나야 하는 이유를 갖고 있는가?'

공부를 하기 전에 '내가 공부를 해야만 하는 이유'를 먼저 찾아보자. 그 이유는 계속 변할 수도 있고 점차 커질 수도 있으며, 더 구체적으로 바뀔 수도 있다. 나 또한 꿈을 향해 달리던 중에 가끔 흔들리거나 좌절하기도 했지만, 스스로 정한 명확한 꿈이 있었기에 다시 마음을 다잡고 끝까지 공부에 집중할 수 있었다. 꿈은 방향을 잃지 않고 인생을 살아가는 데 힘의 원천이 된다.

급조된 꿈보다
철학을 위한 꿈

"제가 뭘 하고 살아야 하는지 모르겠어요. 알려주세요."

그동안 자신의 꿈이 무엇인지 몰라 다른 사람들에게 물어보는 학생을 참 많이 보았다. 하지만 이 질문은 애초부터 틀렸다. 자기 자신도 무엇을 해야 하는지 모르는데 다른 사람이 어떻게 알 수 있을까?

사실 꿈을 모르겠다고 질문하는 학생들은 공통점을 갖고 있다. 자기 자신에 대해, 즉 내가 어떤 생각을 하는지, 내가 어떤 삶을 원하는지 진지하게 고민해본 적이 없다는 것. 그래서 나는 꿈을 갖는 것만큼, '삶의 철학'을 갖는 것도 중요하다고 조언하고 싶다.

철학이라고 하니 너무 어렵고 거창하게 느껴진다면 절대 그렇게 생각할 필요가 없다. 인생에 대한 철학이 있다는 건 곧 다음과 같이 고민하는 것을 뜻한다.

'어떻게 살 것인가.'

공부할 때 명확한 목표를 가져야 한다는 말을 들어본 적이 있는가? 확실한 목표나 꿈이 있다면 그것이 동기부여가 되고, 공부든 무엇이든 열심히 하게 된다는 말에는 나 역시 동의한다. 나도 앞서 수능의 학습 목표, 과목별 학습 목표를 설명하며 분명한 공부의 목표를 이해해야 방향을 잃지 않고 공부할 수 있다고 강조했다.

하지만 언제부터인가 '꿈이 생기면 공부를 열심히 하게된다'는 말 때문인지 '급조된 꿈'을 가지려는 학생을 많이 보게 된다. 입시를 코앞에 둔 시점에 와서야 급히 대학과 학과를 결정하기 위해 교사나 공무원, 의사처럼 직업을 꿈으로 삼는 것이다. 심지어는 7급 공무원, 행정사무관, 치과의사처럼 구체적인 직업으로 꿈을 이야기하기도 한다. 어쨌든 이들 모두 인생의 꿈이 아니라 대학과 학과를 잡기 위한 꿈이다.

뛰어난 역사 강의로 유명한 어느 강사는 이렇게 말한 적이 있다.

'여러분의 꿈에 대해 물어보면 이렇게 대답하더군요. 나의 꿈은 검사(변호사, 의사, CEO)가 되는 거예요. 좋습니다. 그런데 착각하지 마십시오. 그건 여러분의 꿈이 아닙니다. 그건 직업일 뿐입니다. 여러분의 꿈은 명사가 아니라 동사여야 합니다. 내가 검사가 되어서 세상을 위해 무엇을 할 것인지를 이야기하는 것이 꿈이어야 합니다. 여러분은 명사의 꿈이 아닌 동사의 꿈을 꾸셔야 합니다.'

이분의 말씀에 나는 크게 공감했다. 그러니 직업으로 급조된 꿈과 삶의 철학은 구별하는 게 좋다.

만약 의사가 되고 싶은 것은 '꿈'이라면, '의대에 가려는 이유'는 철학이 된다. 그래서 어떤 직업을 꿈으로 삼게 되었다면 스스로에게 왜 그 직업을 꿈으로 정했는지 물어봐야 한다. 만일 의사라는 꿈이 있고 그 때문에 의대 입학을 준비 중이라면 '왜 나는 의대에 가려고 할까? 환자를 치료해주는 삶을 살고 싶어서? 아니면 돈을 벌고 안정된 직업을 갖고 싶어서?'라고 따져 물어야 한다.

이렇게 물어봐도 의사가 되고 싶은 이유를 찾지 못하거나 그 이유가 내 가슴에 와닿지 않는다면 그것은 급조된 꿈이라 할 수 있다. 그때는 공부 역시 원하는 만큼 하기 힘들다. 이유는 단순하다. 자기가 진심으로 원하는 게 아니니까. 어떻게 살고 싶은지를 명확히 알았을 때 그제야 책상에 앉아 끝까지 공부할 수 있는 힘을 얻는다.

어떤 사람은 '남보다 위에 서기 위해, 남보다 앞서기 위해, 돈을 많이 벌기 위해' 열심히 공부한다고 말할 수도 있다. 그런데 한번 생각해보자. 과연 모두의 위에 서는 것이 가능한 일일까? 당연히 불가능하다. 세상 어느 누구보다도 훨씬 더 뛰어나다고 자신 있게 말할 수 있는 사람은 없다. 반에서 1등을 해도 전교에서는 1등이 아닐 수 있고, 전교에서 1등을 해도 전국에서는 아닐 수 있다. 설령 어떤 영역에서 '세계 최고'라는 타이틀을 가졌다 해도 계속 유지된다고 보장할 수도 없다.

이런 상황에서 언제나 나보다 위에 있는 사람이 부럽고, 계속해서 위로 올라가려는 욕망만 가득 차 있다면 그 끝이 있을까? 설령 끝이 있어서 그 끝에 당도했다 해도 아마 본인의 위치에 만족하지 못할 것이다. 따라서 남을 기준으로 잡은 이런 끝없는 꿈이자 철학, 생각은 결핍으로 인한 불행만 불러올 뿐이다.

결국 우리가 지녀야 하는 꿈의 핵심은 그 주체가 남이 아니라 '자신'이 되어야 한다는 것이다. '남을 따라 잡기 위해서' 또는 '남에게 잘 보이기 위해서'가 아니라 내가 인정하는 나의 꿈이어야 한다.

공부하는 이유는 내 목표를 이루기 위함이지 친구들과

경쟁하기 위해서가 아니다. 그러니 쓸데없이 비교하고 경쟁하는 데 힘을 뺄 필요가 없다. 책상에 앉아 공부할 수 있는 나만의 이유를 찾아야 한다.

나만의 철학을 찾는 방법

그렇다면 철학을 갖기 위해서는 어떻게 해야 할까? 우선 스스로 이루길 원하는 삶이 어떤 모습인지를 고민해야 한다. 구체적인 꿈이 없다고 해도 누구에게나 머릿속에 그려지는 '이상적인 삶의 모습'은 있을 것이다. 꼭 거창한 게 아니라도 좋다.

예를 들어, 평일은 열심히 일해도 주말은 마음을 나누는 사람과 쉬어 가는 삶을 꿈꿀 수도 있고, 여러 나라를 여행하면서 돈을 버는 삶을 꿈꿀 수도, 춤을 추는 모습을 꿈꿀 수도 있다.

'어떻게 살 것인가'가 철학이라면, 철학에서 비롯된 목표가 바로 꿈이다. 그렇다면 우리는 꿈보다 철학을 지녀야 한다. 그러니 앞으로 어떤 직업을 갖고 어떤 일을 하는 것과 관계없이, '어떤 삶을 살고 싶은지'에 집중하자. 이에 대한 답을 내렸다면, 그다음에는 꿈꾸는 삶에 근접한 경험을 직접 해보는 게 중요하다. 자신이 잘한다고 생각하는 것, 좋아한다고 느꼈던 것도 막상 직접 해보면 아닌 경우가 허다하다. 직접 경험해보면 상상했던 것과 다른 경우를 맞닥뜨리게 되는데, 이때는 또 어떻게 해야 할지 좀 더 많은 고민이 필요하다.

나는 한때 세상에서 게임하는 게 제일 좋고 잘하는 일이었다. 게임 속에서만큼은 유능한 리더가 되어 승자의 기분을 느낄 수 있었다. 그래서 당시에는 프로게이머처럼 평생 게임을 하며 사는 것이 좋겠다고 생각한 적도 있다.

그런데 만일 내가 프로게이머가 되는 것을 꿈으로 정하고 실제로 그 꿈에 도전했다면 어땠을까? 꿈을 이뤄 과연 삶에 만족할 수 있었을까? 프로게이머의 세계에는 나같은 아마추어보다 게임을 잘하는 사람이 훨씬 많을 것이다. 게임 자체가 늘 즐겁거나 어떠한 성취감이 있어서가 아니라 단순히 주변 사람들보다 게임 실력이 좋다는 이유로 프로게이머가 되겠다는 꿈을 잡았는데, 막상 나보다 더 게임을 잘하는 사람을 만나면 낙담했을 것이다. 결국 그 좋아하던 게임도 하기 싫은 일이 되고 그렇게 꿈을 잃어버렸을 것이다.

주변 사람들은 내가 치대를 갔기 때문에 당연히 나의 꿈은 '치과 의사'가 되는 것이라 생각한다. 그런데 나의 꿈은 '의사'가 되는 것이 아니다. 나는 오랫동안 연구하고 배우는 삶을 살고 싶기에 그에 적합한 직업을 택한 것이다. 당시 내가 알고 있는 정보 정도에서는 의사가 되면 끊임없이 연구하고 공부해야 한다고 생각했기 때문이다.

따라서 현재 나의 꿈은 다음 세 가지로 요약할 수 있다.

1. 늘 다양한 학문을 익히고 발전하는 삶
2. 책을 읽고 글을 쓰며 다른 사람과 깨달음을 나누는 삶
3. 하루하루를 소중히 여겨 최선을 다하는 삶

여러분이 급조된 꿈에 아까운 시간을 매몰하지 않도록, 꿈을 갖기 이전에 적어도 '내가 원하는 삶의 한 조각'에 대해 고민해하길 바란다. 그 생각을 먼저 정리한 다음 그에 맞는 직업을 찾아나가야 한다. 꿈을 억지로 만들지는 말자. 그보다 먼저 어떻게 살고 싶은지를 고민하고 그것에 따라 공부든 뭐든 하면 된다.

지금 우리에게 필요한 것은
기적을 만들 간절함

두유만 먹어도
힘들지 않았던 이유

재수를 선포한 날, 가족들은 나에게 이런 말을 했다.

'재수는 무슨 재수냐? 돈도 없는데.'

이 말은 내 기에 이렇게 들렸다.

'꿈은 무슨 꿈이냐? 돈도 없는데.'

그래서 나는 아르바이트를 하며 모은 100만 원으로 1년을 버티기 식으로 공부했다. '두유공신'이라는 별명을 얻을 만큼 이제는 웃으며 말할 수 있지만 두유 4팩으로 끼니를 때우는 하루의 실상은 처절함의 극치였다.

입안에 음식물을 넣고 씹는 활동을 저작운동이라고 하는데, 이는 곧 사람이 먹고살기 위한 본능으로 존재하는 운동이라 할 수 있다. 사람은 저작운동을 하기에 좋은 치아와 턱관절, 혀를 지니고 있다. 그런데 하루종일 두유만 마시면 이 저작운동을 할 일이 없었고, 그렇다 보니 스트레스가 어마어마했다. 말 그대로 '씹고 뜯고 맛보고 즐기고' 싶은 마음이 엄청났다.

게다가 저작운동을 하면 집중력이 높아진다는 연구 결과도 있다는데, 못 씹은 나로서는 집중력도 점점 떨어지는 것 같았다. 어느 날은 정말 안 되겠다 싶어서 한 그릇에 3천 원 하는 국밥을 사다가 조금씩 덜어놓고 거기에 두유를 섞어 먹었다. 그러면 양도 많아지고 씹을 것도 생겨 좋았다(그때 나는 어쩔 수 없이 두유로 버틴 거지만 절대 이러면 안 된다. 재수 때 두유만 먹고 버텼던 것이 건강을 해쳐 삼수 때는 공부하기 어려울 만큼 체력이 무너졌다. 건강이 무너지면 공부도 무너진다).

　지금은 절대 다시 못 할 두유 버티기지만 그때는 공부하고 싶다는 간절함으로 버텨냈다.

　심상사성(心想事成).

　'간절히 마음먹으면 이루어진다'는 말이다. 그런데 마냥 머리맡에 물을 떠놓고 기도하거나, 로또 1등처럼 노력보다는 운에 맡기는 일을 아무리 간절히 마음먹어봐야 이루어질 리 없다.

　간절히 바라면 이루어진다는 건, 내가 이루고 싶은 꿈을 언제, 어디서, 누가 물어봐도 바로 대답할 수 있고 어떻게 이룰 건지도 구체적으로 생각하고 있어야 진짜 현실이 된다. 여러분에게는 노력으로 이루고 싶은 간절한 무언가가 있는가?

스스로를
믿고 또 믿기

수험생 시절, 하루 일과를 마치고 나면 나는 으레 밤하늘의 별을 올려다봤다. 까만 하늘 속 별들은 늘 무척 밝았다. 하지만 다시 고개를 내려 나 자신을 돌아보면, 늘 지치고 꼬질꼬질한 상태였다. 마음은 그보다 더 버석버석해졌다.

밤하늘의 별을 나와 비교하면서 늘 이런 생각을 했다.

'내가 지금 하고 있는 게 맞을까?'

흔히 헛수고한다는 표현을 '삽질한다'고도 표현한다. 나무를 심겠다고 열심히 삽질해서 땅을 팠는데, 심어야 할 자리를 잘못 정해 다시 파야 한다는 뜻이다. 당시 내가 꼭 그런 느낌이었다. 땅은 열심히 파고 있는데, 혹시 이 자리가 아니면 어쩌지? 세상을 바꾸는 삶을 살겠다는 꿈의 나무를 심으려고 땅을 팠는데, 나무 심을 자리가 아니라 내 관이 묻힐 자리가 되어버리는 건 아닐까 하는 생각이 가끔 날 찾아와 괴롭혔다.

이렇게 스스로를 의심하는 버릇은 수능 당일까지도 이어졌다. 1년 동안의 재수를 마치고 치렀던 2013년 수능 날. 후회가 남지 않을 정도로 매일 고생하며 열심히 공부했음에도 정말 이상할 만큼 불안하고 두려웠고, 결과는 역시 실패였다.

공부를 할 때는 올바로 하고 있는지 자주 점검해야 한다. '양치기에만 몰두한 나머지 공부량만 늘리고 생각의 질은 떨어지지 않았는가? 약점을 채우는 공부를 하고 있는가? 문제 풀이에 집중하기 전에 기본 개념을 충실히 이해했는가?' 등등 자기 공부에 대한 자가 점검은 학습 목표로 향하는 공부 여정이 샛길로 새지 않게 도와준다. 이때는 자기 위치를 객관적으로 뜯어보고, 설령 그 위치가 바닥이라도 바닥임을 인정한 뒤 끌어올리려고 노력하면 된다.

하지만 스스로를 믿지 못하는 건 이와 다르다. '내가 오늘 분명 공부를 하긴 했는데, 내가 잘 이해한 게 맞나? 다른 친구들은 학원도 다니고 유명 강사의 강의도 듣는다는데 나도 들어볼까?' 등등 공부하면서 계속 찜찜함을 남기는 스스로에 대한 의심은 과감히 버려야 한다.

사실 이건 정말 쉽지 않은 일이다. 그 누구도 끝을 맞이하기 전까지는 내가 하고 있는 게 맞다고 완벽히 확신할 수 없을 것이다. 그러나 '지금 나의 상황에서는 이게 최선이다. 그러니 최선이라 생각되는 이 일을 매일 실천해나가자.'라고는 다짐할 수 있다. 즉, 현재의 위치가 의심된다고 아예 멈춰 서거나 다른 곳으로 눈을 돌리지는 말라는 뜻이다. 지금까지 해온 결정을 믿고 나아가면 열매는 맺게 된다.

넘어져도 다시 일어나는
실패력을 길러라

실패는 늘
조언을 남긴다

내 인생을 통틀어 가장 씁쓸하면서도 뼈아픈 교훈을 남기고 내 삶을 긍정적으로 변화하게 한 경험은 '고1 생활', '첫 수능', '재수' 세 가지다. 이 세 가지 일들은 기대감이 하늘에 닿을 듯 컸지만 결과는 땅굴 속을 파고들 만큼 최악이었던 경험이다. 그래도 이 경험들 덕분에 많은 깨달음을 얻고 성장할 수 있었다.

중학교 3학년 때 갑작스레 겪은 교통사고로 다리에 철심을 박는 수술을 한 뒤, 나는 그래도 고등학교에 들어가기 전이라 다행이라고 생각했다. 얼른 다 나아서 고등학교에 입학하면 그때부터는 열심히 공부해야겠다는 마음이었다. 그런데 사춘기는 뜻대로 흘러가지 않았고, 수술 부위가 곪아 결국 재수술을 해야 했다. 이미 시간은 흘러 고등학교 입학 시기가 되었고, 나는 병실에 누워 꼼짝 못하는 내 신세를 원망하며 이럴바에는 차라리 고등학교를 자퇴하고 싶다고 생각할 만큼 우울했다.

힘들게 건강을 회복해서 고등학교에 입학했지만 친구들은 나를 '다리병신'이라 놀렸다. 일부러 다리를 걸어 나를 넘어뜨리거나 아픈 다리를 세게 걷어찰 때도 있었다. 소위 말해 나는 왕따인 셈이었다. 그때 당시 내가 느낀 소외감과 좌절감은 말로 설명이 안 된다. 언제 끝날지 기약 없는 이 왕따 생활이 지옥 같았고, 내가 왜 사는지 이유를 알지도 못했다.

첫 수능의 실패 역시 내게 뼈아픈 교훈을 남겼다. 모든 일을 후회해봤자 소용없다는 것. 남들보다 늦게 수능 준비를 시작하면서, 공부하는 내내 '진작 공부할 걸' 하며 후회했다. 만일 그때 후회하며 시간을 보내는 대신 나의 약점과 수준을 객관적으로 파악해서 부족한 부분을 채우는 데 몰두했다면 이어진 재수가 실패로 끝나지 않았을 것이다.

경제적으로 빠듯했던 재수 때는 남들보다 공부를 늦게 시작한 만큼 더 많은 공부 시간을 채워야 한다는 생각에 마음이 늘 조급했다. 그런 조급함은 내게 맞지 않는 잘못된 공부법에 빠져들게 했고, 몸과 마음을 병들게 할 뿐 아니라 결과마저 망쳤다.

지금에야 몇 문장으로 정리되는 나의 실패들이지만, 사실 이 경험들은 현재의 나를 있게 한 근거들이다. 실패가 남기는 쓰라린 상처에 갇히지 말자. 그 안에서 우리는 소중한 무엇인가를 찾을 수 있다.

두려움을 정면 돌파하라

재수, 삼수 때 하루에도 다섯 번은 '공부를 때려치우고 싶다'고 생각했던 것 같다. 솔직히 말하면 지금도 공부는 힘들다. 그러나 공부란 원래 힘든 것이다. 몸뿐 아니라 마음도 힘든 게 공부다.

도대체 공부는 왜 이렇게 어렵고 힘들까? 그 이유는 간단하다. 공부는 아무리 해도 부족하기 때문이다. 태어나서 처음 배우는 개념을 이해하려는 것 자체가 어려운 일이다. 하물며 개념을 완벽하게 이해하고 고득점을 얻기까지의 과정은 어떻겠는가. 이렇게 우리는 어떤 목표보다 늘 부족한 상태이므로 정신, 일명 멘탈은 항상 깨질 수밖에 없다. 그래서 공부로 성공할 수 있느냐 없느냐는 결국 이 과정을 정신적으로 끝까지 이겨낼 수 있는지 여부로 결정된다.

원래 두려움은 미지의 영역으로 남겨 놓을수록 커지는 법이다. 혹시 스키를 타본 적이 있는가? 스키 탈 때 산 정상에서 아래를 내려다보면 정말 무섭다. 위에서 보면 절대로 내려가지 못할 것 같지만, 가까운 곳부터 찬찬히 살펴보면 길이 보인다. 그렇게 우선 바로 앞에 놓인 상황을 보고 일단 내려가기 시작한다. 그렇게 하다 보면 어느새 바닥에 가까워져 있고, 처음의 두려움은 사라진다.

징기스칸이 위대한 정복자가 되기 전, 테무진으로서의 삶을 그린 영화 「몽골」(2007)에서 테무진의 의형제인 자무카가 그에게 이렇게 묻는 장면이 있다.

'모든 몽골인은 번개를 두려워하는데 당신은 어째서 두려워하지 않는가?'

그러자 그는 '맞서니 더 이상 두렵지 않았다'라고 대답한다. 당시 몽골인들은 번개를 신의 노여움이라 생각하여 두려워했지만 테무진은 번개를 피하지 않았기에 자무카와의 전투에서 승리할 수 있었다. 즉 두려움을 정면 돌파함으로써 승리할 수 있던 것이다.

두려운 순간, 피하거나 멈추기보다 아예 맞서버리면 신기할 정도로 두려움은 금세 사라진다. 이처럼 그냥 멈춰 있느냐, 현실을 받아들이고 꾸준히 나아가느냐에 따라 공부의 결과 역시 완전히 달라진다.

결국 공부는 혼자, 스스로 해야 한다. 자신의 현실은 본인만이 제대로 볼 수 있고, 결국 그 두려움을 이겨내고 산을 내려오는 것도 자기 자신이다. 다른 사람이 나에게 조언해주고 대책을 제시해준다고 해서 곧바로 내 두려움이나 고민이 사라지는 것은 아니다. 내가 스스로 현실을 극복하고자 마음먹고 노력해야 공부를 이겨낼 수 있다.

공부로 펼쳐진
새로운 인생

시험이 아닌
인생을 위한 공부

"Non scholae, sed vitae discimus."

(우리는 학교를 위해서가 아니라 인생을 위해서 공부한다.)

몸이 상하면서까지 공부해서 치대생이 된 후, 이전까지 수험생으로서 해왔던 공부와 대학생이 된 후의 공부 차이를 확실히 느낄 수 있었다.

사실 수능 공부는 말 그대로 '수능을 잘 보기 위한' 공부다. 그 공부는 수능을 잘 보지 못하면 사실상 실패한 공부가 되어버린다.

하지만 대학생이 되면 자신이 원한다면 좀 더 넓은 의미의 공부를 할 수 있다. 성장하고 성숙하기 위한 공부로, 그 공부에는 사실 끝이 없다. 학창 시절에는 부모님을 기쁘게 하기 위해, 상금을 얻기 위해, 성적을 잘 받기 위해 공부했다. 하지만 사회로 나와서는 나의 인생을 위해, 더 잘 살기 위해 공부해야 한다.

그렇다면 공부는 왜 중요할까? 우리가 계속 공부해야 하는 이유는 세상은 아는 만큼 보이기 때문이다. 그리고 무언가를 안다는 것은 곧 인생의 굴레로부터 자유로워진다는 말이다.

예를 들어 카페에서 몇 달 동안 아르바이트를 했다면 음료 제조부터 결제, 청소 방법까지, 이전에는 배우지 못했던 기술을 익히게 된다. 그리고 더 나아가 이 기술을 활용하여 새로운 음료를 개발하거나 관련 업종에 대한 지식을 얻게 될 수도 있다. 치대생인 나는 졸업 후 다른 사람에게 의술을 적용할 수 있고, 만약 영어를 배워서 영어로 소통할 수 있게 되면 외국에 나가 현지인과 의사소통할 수 있는 자유를 얻게 된다.

비단 실용적인 학문만이 우리에게 자유를 주는 것은 아니다. 가령 인문학도 사람과 사회에 대한 이해를 넓혀주어 세상과 소통하는 데 자유를 준다. 인간에 대한 이해가 높아짐으로써 다른 사람과 좀 더 유연하게 소통할 수 있고, 대화할 때도 다양한 화제를 다루며 대화를 이끌어갈 수 있기 때문이다.

수험생 신분으로 수능을 잘 치르는 게 전부였을 때만 해도 이런 자유에 대해서는 생각할 수 없었다. 무엇보다 공부 말고 다른 것은 생각할 여유가 없을 만큼 가난했고, 마음도 조급해서 수능을 준비하는 것만으로도 벅찼다. 당시 나에게 수능 공부 외 다른 배움과 공부는 상상조차 할 수 없는 사치의 영역이었다.

하지만 수능이라는 산을 넘은 뒤에는 세상에 대해 더 다양하고 많은 궁금증이 피어났고, 새롭게 배우고 싶은 것들이 생겼다. 최근에는 나의 생각을 구체적 형태로 표현하고 싶다는 생각에 미술을 배우고 싶어졌다. 이처럼 배움은 자유를 가져다준다. 사실 수능 공부도 대학이라는 곳을 경험하고 더 넓은 세상으로 나아가기 위한 관문, 즉 조금 더 자유로워지기 위한 통과의례로 볼 수 있다.

게임 폐인,
작가가 되다

본과 1학년 1학기 때는 학교가 끝나면 수학책을 쓰는 데 시간을 쏟았다. 학생들의 이해를 돕기 위해 최대한 쉬우면서도 정확하고 올바른 내용을 전달하는 데 집중하여 첫 개념서 『세상에서 가장 쉬운 수학』를 출간했다. 이와 더불어 '세상에서 가장 쉬운 개념'이라는 제목으로 수학 인터넷 강의를 진행했으며, 최근에는 두 번째 개념서 『질문하고 생각하는 수학』을 출간했다. 이 모든 활동은 '누구나 쉽게 이해할 수 있는 수학 수업은 없을까?'를 고민한 끝에 이루어진 것이다. '인터넷 강의를 들어본 적도, 학원을 다녀본 적도 없는 내가 어떻게 스스로 수학 개념을 이해하게 되었는가'를 전달하기 위해 지금도 계속 노력하고 있다.

솔직히 대학에 들어오기 전까지만 해도 내가 누군가를 멘토링하고 공부법을 알려주게 될 것이라고는 전혀 생각하지 못했다. 나는 가난한 집 출신에 사교육 한번 제대로 받아본 적 없었으니까. 그런데 지금은 이렇게 공부 이야기를 담은 책도 쓰고 있다. 인생 역전이란 게 이런 건가 싶기도 하다.

예전에 한창 게임에 빠져 살았을 때, 게임 자체가 주는 재미도 있었지만 나를 게임 속으로 더 깊이 빠지게 한 한 가지 이유가 더 있다. 이기는 방법을 잘 모르는 친구들에게 공략법을 조언해주는 데 재미를 느꼈기 때문이다.

"공격당할 때 이렇게 막아. 함정에 빠지면 이 아이템을 써! 빨리 후방을 막고 저기를 공격해!"

마치 게임 신이라도 된 양 게임하는 친구 뒤에서 훈수를 두는 게 너무 재밌었다. 뭐랄까, 나의 쓸모를 확인하는 느낌이었달까? 그전까지는 한 번도 내가 이 세상에 태어난 이유를 깨닫거나 내가 쓸모있는 사람이라 생각해본 적이 없었다. 나도 태어난 이유가 있을 텐데 할 줄 아는 건 하나도 없으니 자존감이 떨어졌다. 그런데 게임할 때는 다른 사람에게 이래라저래라 할 수 있으니 물 만난 고기처럼 날뛰었다. 그때는 그렇게라도 자존감을 높이고 싶었다.

그런데 이 뿌듯함의 감정은 점차 친구들의 게임 실력이 올라가자 거짓말처럼 사라졌다. 자존감을 높일 수 있었던 유일한 능력이 사라지자 허무감만 느껴졌다. 게임 실력을 키우기 위해 들인 수많은 노력과 시간도 무의미한 것이었다는 생각에 허탈했다.

그때와 비교해 요즘 내가 멘티들에게 하는 조언들은 아무쪼록 금방 사라지지 않고 잠시나마 누군가의 마음속에 남았으면 좋겠다. 물론 나에게 조언을 얻은 학생들도 성적이 오르고 뜻하는 바를 성취하면 나중에는 나의 도움이 필요 없어지겠지만, 내가 조언하는 이유가 바로 그들의 성장에 있기에 그 자체로 보람이 되어 돌아온다.

내가 하는 이런 이야기의 목적은 공부에 어려움을 느끼는 이들에게 힘을 실어 주고 동기를 부여하기 위함이다. 이 조언들은 내가 허투루 보낸 시간 속에서 대충 끄적인 게 아니라 직접 공부에 부딪히고 처절하게 경험하며 건져 올린 것들이다. 게임 폐인이 작가로, 멘토로. 이렇게도 바뀔 수가 있는 게 인생이다.

'두유 공신'이라는 별명을 얻게 되기까지

나는 대학에 들어와서도 학비를 벌어야 했기에 과외 아르바이트를 뛰었다. 그때도 내가 나같은 처지의 학생들에게 도움이 되기 위해 할 수 있는 일이 무엇인지를 늘 생각했다.

'학생들의 꿈을 응원하면서 이룰 수 있다고 말해주는 것.'

이때부터 그저 과외로 돈을 버는 대학생에서 벗어나 후배들의 꿈을 함께 응원하는 공부 선배의 마음을 조금이나마 갖게 되었다.

과외 학생들의 꿈을 응원하기 위해 먼저 온라인으로 멘토링을 시작했다. 그리고 수험생들이 학습 관련 정보를 얻는 사이트 두 곳(오르비, 수만휘)에 온라인 멘토를 신청했다. 그렇게 나는 본격적으로 온라인에서 학생들을 만나게 되었고 그들의 꿈을 듣기 시작했다.

많은 학생이 도대체 공부를 왜 해야 하느냐고 물어본다. 그리고 왜 평생 배워야 하는지도 물어본다. 사실 배움이 재미있는 이유는 그렇게 배우고 익힌 것이 앞으로 살아가는 데 늘 쓰이며 도움되기 때문이다. 위와 같은 질문을 던지는 학생이 있다면 어떤 배움을 통해 얻은 지식이나 경험은 실제 생활에 유용하게 쓰일 뿐 아니라, 이를 통해 내게 주어지는 자유가 더 많아진다는 점을 설명해주고 싶다.

나는 가난하고 어려운 상황에서 치열하게 공부했기 때문에 수험 생활을 마친 뒤 배움이 수는 자유를 좀 더 크게 느꼈는지도 모른다. 또한 공부 말고는 다른 것들에 눈 돌릴 경제적

여유가 없었기에 공부 그 자체에만 더 집중할 수 있었다. 이 과정을 통해 돈이 없어도 충분히 공부할 수 있음을 깨달았고, 돈이 없어도 꿈을 가질 수 있으며 꿈을 향해 나만의 길을 만들어갈 수 있다는 것도 알았다.

그런 의미에서 가난은 나에게 더 이상 부끄럽고 외면해야 하는 장애물이 아니다. 오히려 가난 덕분에, 배우는 삶의 소중함을 깨닫게 되었다. 그러니 여러분도 지금 자신의 부족한 점이나 불만족스러운 점을 다르게 바라보았으면 한다. 너무나 당연한 말이지만 나의 불행과 단점도 정말 생각하기 나름이다. 그리고 바로 그 결핍이 내가 원하는 삶으로 갈 수 있는 가장 큰 원동력이 되어줄 것이다.

'두유공신'이라는 별명은 나의 수험 시절 경험을 들은 강의 시청자들이 직접 지어준 것이다. 돌아보면 게임 폐인에서 두유공신이라는 별명을 얻기까지 수많은 고민과 좌절, 그리고 배움이 있었다.

물론 지금의 나를 만들어준 것에는 여러 요인이 있겠지만 확실한 건 공부가 나를 성장과 변화로 이끌었다는 점이다. 더 나아가 공부는 아무리 어려운 문제도 해결할 수 있다는 자신감, 그리고 나도 할 수 있다는 용기였다.

그러니 여러분도 할 수 있다. 집에 돈이 없어도, 머리가 나빠도, 그동안 게임만 했어도 꿈을 찾고 그것을 향해 매일 전진한다면, 결국에는 목적지에 도달할 수 있다. 모두가 꿈을 위해 원 없이 공부하길 바란다.

부록

교과서로
마스터하는

두유공신
수학 공부법

모든 공부는 교과서와 기출문제가 기본이다. 특히 문제 풀이 과정이 필요한 수학 공부에서는 다음과 같은 단계에 따라 스스로 생각하며 공부해야 한다.

1. 배운 것을 백지에 써보고, 각 개념을 연결하기
2. 교과서 개념을 토대로 다음과 같이 질문하며 기출문제의 해설을 살펴보고 직접 써보기
   ❶ 왜 여기부터 접근하는 게 효율적일까?
   ❷ 왜 이 개념을 써야 할까?
   ❸ 계산은 올바르게 했는가?
3. 푼 문제들과 예전에 풀어본 기출문제의 공통점을 파악하며 교과서 복습하기

이 또한 앞서 계속 강조한 생각 공부법으로, '이 개념은 예전 개념과 비교했을 때 어떤 의미일까?', '이 문제 풀이의 이유는 무엇일까?', '예전에 본 문제들과 공통점은 무엇일까?' 등등 개념과 문제를 둘러싼 질문들의 연속이었다.

결국, 공부의 본질은 생각. 그리고 그것을 질문을 통해 이끌어 내는 것이다. 여기서는 수학을 공부할 때 교과서를 활용하여 생각하는 과정과 방법을 구체적으로 살펴보자.

①
교과서로 개념 연결하기

'수직선'을 생각해보자. 수직선의 '수'는 어떤 뜻일까? 수직선은 영어로 'number line', 즉 수를 표시할 수 있는 직선이라는 뜻이다. 이러한 것들을 수학에서는 정의라고 말한다.

한편, 증명 없이 참으로 인정되는 명제를 공리라고 한다. 예를 들면, '1은 자연수이다', '모든 자연수 n은 그 다음 수 n′을 갖는다', '1은 n′이 될 수 없다' 등등이 공리에 해당한다. 적어도 교과서에 나오는 정의와 공리는 외워야 한다.

더 나아가, 미분계수의 정의인 $\lim\limits_{\Delta x \to 0} \dfrac{f(a+\Delta x)-f(a)}{\Delta x} = f'(a)$에서, 함수 $y=f(x)$가 $x=a$에서 미분 가능하다는 말은 그 점에서 함수의 미분계수가 존재함을 의미한다.

만일 미분 가능의 정의를 물을 때 '연속'의 개념이 먼저 떠올랐다면, 이는 정의를 잘 기억하지 못한 것이다. 적어도 정의는 반드시 외워야 한다. 정의를 외우지 않고서는 용어 자체를 이해할 수 없기 때문이다.

이제 정의를 이용해서 각 수학 공식 또는 개념의 성질을 증명해보자. 먼저 '이등변삼각형'이라는 말의 뜻을 생각해보면, 우리는 이것이 두 개의 같은 변을 가진 삼각형임을 쉽게 이해할 수 있다.

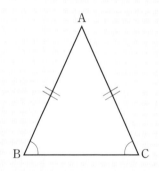

이등변삼각형은 두 밑각의 크기가 같다는 성질과 꼭지각의 이등분선이 밑변을 수직이등분한다는 성질을 지닌다. 우리는 두 개의 같은 변의 정의를 이용하여 이등변 삼각형의 성질을 증명해야 한다.

이 성질은 이등변삼각형 그림에서 각 A의 이등분선을 그어 SAS합동을 만드는 것으로 증명한다. 결국, 이 성질을 증명하

기 위해서는 이전에 배웠던 합동의 개념이 반드시 선행되어
야 한다.

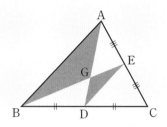

한편, 삼각형 무게중심의 정의는 세 중선의 교점이다. 이것만
을 이용하여, 중선이 무게중심에서 2:1로 내분되는 성질을 증
명해야 한다.

먼저 우리는 중선의 정의를 기억해야 한다. 중선이란 삼각형
의 한 꼭짓점과 마주보는 변의 중점을 잇는 선분을 말한다.

선분 DE를 긋는 이유는 중점을 기점으로 CD와 CB 길이의
비가 1:2이며, CE와 CA길이의 비가 1:2, C가 공통이므로 SAS
닮음임을 증명하기 위함이다.

따라서 AB선분과 ED선분에서 동위각이 같게 되고, AB선분
과 ED선분은 평행한다. 그렇다면 엇각도 같으므로 각 ABG와
각 DEG가 같으며, 각 AGB와 DGE도 맞꼭지각으로 같다는
걸 알 수 있다. 그러므로 AA 닮음이 성립하며 닮음비는 2:1이
된다.

BG는 EG와 대응되기에 2:1의 길이 비를 가지며, BE는 중선이기에 중선을 2:1로 내분하는 것이 증명되었다. AD도 마찬가지의 방법으로 내분함을 보이면 된다.

1. 중점을 연결해봄으로 인해 생기는 SAS 닮음
2. 동위각이 같으므로 평행한 두 선분의 엇각이 같음.
3. 엇각이 같음을 이용한 (또는 맞꼭지각 개념을 이용할 수도 있음) AA 닮음

이 개념들은 새로운 개념이 아니라 모두 앞에서 배운 것들이다. 증명을 외우기만 하는 것이 증명의 목적이 아니다. 증명은 반드시 이전 개념을 이용하여 이뤄진다. 증명을 통해 여러분은 반드시 예전 개념과의 연결 과정을 거쳐야 한다.

이렇듯 정의를 통해 정리를 유도하는 과정은 꼭 필요하다. 정리를 외우면 단순히 암기한 지식이 되지만, 정의를 통해 유도하는 과정을 거친다면 자연히 이해되고 당연한 사실로 받아들이게 된다. 이를 위해 단순 암기나 문제 풀이가 아니라 개념을 공부하는 것이며, 교과서가 필요한 것이다.

다음으로 개념과 개념의 연결에 대해서도 생각해보자.

함수의 극한에 대한 성질

$\lim\limits_{x \to a} f(x) = \alpha$, $\lim\limits_{x \to a} g(x) = \beta$ (α, β는 실수)일 때,

❶ $\lim\limits_{x \to a} kf(x) = k \lim\limits_{x \to a} f(x) = k\alpha$ (단, k는 상수)

❷ $\lim\limits_{x \to a} \{f(x) + g(x)\} = \lim\limits_{x \to a} f(x) + \lim\limits_{x \to a} g(x) = \alpha + \beta$

❸ $\lim\limits_{x \to a} \{f(x) - g(x)\} = \lim\limits_{x \to a} f(x) - \lim\limits_{x \to a} g(x) = \alpha - \beta$

❹ $\lim\limits_{x \to a} f(x)g(x) = \lim\limits_{x \to a} f(x) \cdot \lim\limits_{x \to a} g(x) = \alpha\beta$

❺ $\lim\limits_{x \to a} \dfrac{f(x)}{g(x)} = \dfrac{\lim\limits_{x \to a} f(x)}{\lim\limits_{x \to a} g(x)} = \dfrac{\alpha}{\beta}$ (단, $\beta \neq 0$)

(출처 : 미래엔 미적분 1 교과서)

교과서에 제시된 위 기본 개념을 이용하여 다음 개념을 설명할 수 있다.

1. $\lim\limits_{x \to a} \dfrac{f(x)}{g(x)} = \alpha$ (α는 실수)이고, $\lim\limits_{x \to a} g(x) = 0$이면,

$\lim\limits_{x \to a} f(x) = 0$이다.

2. 두 함수가 $x = a$에서 연속이면, 두 함수의 합, 차, 곱 또한

$x = a$에서 연속이다.

3. 함수 $y=f(x)$가 $x=a$에서 미분 가능하면, $x=a$에서 연속이다.

1번 개념에서 $\dfrac{f(x)}{g(x)}$, $g(x)$가 수렴하면, 함수의 극한에 대한 성질을 활용할 수 있다.

$$\lim_{x \to a} f(x) = \lim_{x \to a} \frac{f(x)}{g(x)} \times g(x) = \lim_{x \to a} \frac{f(x)}{g(x)} \times \lim_{x \to a} g(x)$$
$=a \times 0 = 0$이다.

즉, 두 함수가 수렴하므로 두 함수의 곱도 수렴함을 이용한 계산이다.

2번 개념에서 두 함수가 연속이면 극한값이 함숫값에 수렴하므로 두 함수가 수렴한다.

수렴하는 함수이므로 **함수의 극한에 대한 성질**에 의해 계산할 수 있다.

3번 개념에서는 미분 가능하면 미분계수가 존재하므로
$$\lim_{\Delta x \to 0} \frac{f(a+\Delta x)-f(a)}{\Delta x} = f'(a)$$이다.

$$f'(a) = \lim_{\Delta x \to 0} \frac{f(a+\Delta x)-f(a)}{\Delta x} = \lim_{x \to a} \frac{f(x)-f(a)}{x-a}$$이며,

$\lim\limits_{x \to a}(x-a)=0$이다.

즉, 두 함수가 수렴하므로 **함수의 극한에 대한 성질**에 의해 계산
할 수 있다.

$$\lim\limits_{x \to a}\frac{f(x)-f(a)}{x-a}\times(x-a)$$
$$=\lim\limits_{x \to a}\frac{f(x)-f(a)}{x-a}\times\lim\limits_{x \to a}(x-a)=f'(a)\times0=0$$
$$\lim\limits_{x \to a}\frac{f(x)-f(a)}{x-a}\times(x-a)=\lim\limits_{x \to a}f(x)-f(a)=0\text{이므로,}$$
$$\lim\limits_{x \to a}f(x)=f(a)\text{이다.}$$

이렇듯 개념은 그다음 개념을 설명하는 데 반드시 영향을 준
다. 그러므로 기본 개념을 제대로 익히고 공부하는 과정을 통
해 지식의 확장과 연결이 이루어진다.

이를 바탕으로 개념의 백지 복습 방법은 두 가지로 정리할 수
있다.

1. 교과서 목차를 모두 백지에 쓰고, 각 단원과 관련한 개념
    과 정리를 증명하면서 복습한다.

2. 예전 개념이 어떻게 그 개념과 관련 있는지를 이해하고 연결한다.

이 두 가지 방법으로 여러분이 교과서 개념을 모두 익히고 공부한다면, 개념을 그 의미까지 확실히 기억하는지를 스스로 판단하며 부족한 부분을 찾아 보완해나갈 수 있다.

② 교과서와 문제 연결하기

$\lim\limits_{n \to \infty} \dfrac{2n^2+n+3}{n^2+4}$의 계산 방법은 너무나도 당연하다.

분모의 최고차항으로 나누는 것이 문제 풀이의 해법이다. 그런데 왜 이런 풀이를 해야할까?

먼저, 수렴하지 않는 수열의 계산이므로 분모와 분자를 같은 수로 나눠주어 수렴하는 수열로 바꿔야 한다. 분모가 0으로 수렴하지 않도록 나눠주고, 수렴하는 수열의 극한의 계산 성질에 의해 해결한다.

즉, 문제 풀이 또한 개념에 철저히 입각한다.

$\lim\limits_{n \to \infty} \sqrt{n^2+4n+13} - \sqrt{n^2-8n-3}$의 해법도 분자의 유리화이다. 왜 분자를 유리화해야 할까? 답은 명백하다.

수렴하지 않는 수열의 차를 구할 수는 없기 때문에 어떻게든

한 차례 변형한 뒤 풀어야 한다.

예제 풀이의 과정에 대한 이유를 명확하게 묻고 답해야 한다. 그 이유는 역시 개념에 있다. 또한, 이 과정을 통해 개념을 문제에 적용할 아이디어를 얻을 수도 있다.

방정식 $\ln x - kx = 0$이 서로 다른 두 실근을 갖도록 하는 실수 k의 값의 범위를 구하여라.

〈풀이〉

방정식 $\ln x - kx = 0$에서　　$\ln x = kx, \dfrac{\ln x}{x} = k$

주어진 방정식의 서로 다른 실근의 개수는 함수 $y = \dfrac{\ln x}{x}$
의 그래프와 직선 $y = k$의 교점의 개수이다.

$f(x) = \dfrac{\ln x}{x}$라 하고, $f'(x) = 0$인　　$f'(x) = \dfrac{1 - \ln x}{x^2}$
$= 0$

x의 값을 구하면　　즉, $x = e$

한편, $\lim\limits_{x \to \infty} f(x) = 0$, $\lim\limits_{x \to 0+} f(x) = -\infty$이다.

$x > 0$일때, 함수 $f(x)$의 증가와 감소를 표로 나타내고 그래프를 그리면 다음과 같다.

x	0	$\cdots$	e	$\cdots$
$f'(x)$		$+$	0	$-$
$f(x)$		↗	$\dfrac{1}{e}$ (극대)	↘

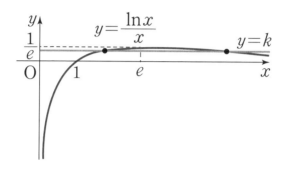

따라서 주어진 방정식이 서로 다른 두 실근을 갖도록 하는 실수 k의 값의 범위는 $0<k<\dfrac{1}{e}$이다.

(출처 : 미래엔 미적분 1 교과서)

위 교과서 예제에서는 이 문제에 대하여 왜 $\ln x = kx$ 그대로 그리지 않고 $\dfrac{\ln x}{x}=k$로 변형해서 해결했을까? 그 이유는 몇 가지가 있다.

1. 교과서에서는 평행이동을 배웠으며, 회전이동을 배우지

않았다.

2. 교과서에서는 미분 가능한 함수가 극값을 가질 때, $f'(x)=0$이 된다고 한다.

$y=k$는 x축과 평행한 직선이기 때문에 미분계수가 항상 0이며, 극값에 접한다. 또한 극값에 접하는 곳에서 실근이 변할 가능성이 있기 때문에 개수 파악이 용이하다.

결국 이 과정 또한 교과서 개념에서 문제 풀이의 이유를 찾은 것이다. 이처럼 언제나 질문과 답변이 공부의 핵심임을 반드시 기억하길 바란다.

이 예제의 풀이는 그대로 기출문제의 풀이에 연결된다.

실수 m에 대하여 점 $(0, 2)$를 지나고 기울기가 m인 직선이 곡선 $y=x^3-3x^2+1$과 만나는 점의 개수를 $f(m)$이라 하자. 함수 $f(m)$이 구간 $(-\infty, a)$에서 연속이 되게 하는 실수 a의 최댓값은?

① -3　　　　② $-\dfrac{3}{4}$　　　　③ $\dfrac{3}{2}$

④ $\dfrac{15}{4}$　　　　⑤ 6

정답 ④

(출처: 2012학년도 수능 수리(가) 홀수형 19번 문항)

이 문제의 풀이 아이디어는 $mx+2=x^3+3x+1$에서

$mx=x^3+3x-1$

그리고 양변을 x로 나눠서 $y=m$을 평행이동해가면서 $f(m)$

을 추론한다. 그 이유는 앞서 살펴본 것처럼 교과서에 잘 나와

있다.

이처럼 예제 풀이의 이유를 교과서와 토론하며 찾고 더 나아가 기출

문제와 연결하라. 그리고 직접 해설을 쓰면서 왜 이렇게 할 수 밖에

없는지를 고민하며 머리속에 각인하라.

③

문제와 문제 연결하기

점 $\left(-\dfrac{\pi}{2},\ 0\right)$에서 곡선 $y=\sin x\ (x>0)$에 접선을 그어 접점의 x좌표를 작은 수부터 크기순으로 모두 나열할 때, n번째 수를 a_n이라 하자. 모든 자연수 n에 대하여 〈보기〉에서 옳은 것만을 있는 대로 고른 것은?

─────〈보기〉─────

ㄱ. $\tan a_n = a_n + \dfrac{\pi}{2}$

ㄴ. $\tan a_{n+2} - \tan a_n > 2\pi$

ㄷ. $a_{n+1} + a_{n+2} > a_n + a_{n+3}$

① ㄱ   ② ㄱ, ㄴ   ③ ㄱ, ㄷ

④ ㄴ, ㄷ   ⑤ ㄱ, ㄴ, ㄷ

정답 ⑤

(출처 : 2019학년도 수능 수학(가형) 짝수형 20번 문항)

열린 구간 $(0, 2\pi)$에서 정의된 함수 $f(x) = \cos x + 2x \sin x$ 가 $x = \alpha$와 $x = \beta$에서 극값을 가진다. 〈보기〉에서 옳은 것만을 있는 대로 고른 것은? (단, $\alpha < \beta$)

〈보기〉

ㄱ. $\tan(\alpha + \pi) = -2\alpha$

ㄴ. $g(x) = \tan x$라 할 때, $g'(\alpha + \pi) < g'(\beta)$이다.

ㄷ. $\dfrac{2(\beta - \alpha)|}{\alpha + \pi - \beta} < \sec^2 \alpha$

---

① ㄱ   ② ㄷ   ③ ㄱ, ㄴ

④ ㄴ, ㄷ   ⑤ ㄱ, ㄴ, ㄷ

정답 ③

(출처 : 2019학년도 수능 모의평가 수학(가형) 짝수형 20번 문항)

이 두 문제의 해법은 같다. 삼각함수가 주기함수임을 이용하여 주기만큼 평행이동해도 y값이 같기 때문이다.

이렇게 문제와 문제를 연결하며 살펴보는 이유는 단 하나다. 다시 개념으로 돌아가기 위해서.

이렇게 문제와 문제를 연결하다 보면 문제 풀이의 요령이 쌓이게 된다. 그 요령은 결국 맨처음 익혔던 기본 개념에 기반하여 쌓이게 되는 것으로, 문제끼리 연결하면서 기본 개념의 의미가 더욱 확실해진다. 이 과정에서 자신만의 모범적인 문제 풀이 전략을 세우게 된다.

또한 이맘때쯤 실전모의고사를 풀게 될 텐데, 그때도 지금까지 해왔던 방식대로 각 문제를 연결하며 살펴보면 된다. 어려운 문제일수록 예전에 풀었던 문제와 개념을 반드시 찾아보며 살펴봐야 한다.

문제를 틀렸다면, 예전에 풀었던 비슷한 문제를 찾아보고 공통점을 찾아서 다시 개념으로 돌아간다. 이를 통해 틀린 문제의 올바른 풀이 방법을 확립하고 정리한다. 이 전략으로 공부한다면 익히는 개념을 놓치지 않고 머릿속에 입력하는 공부를 할 수 있을 것이다.

이제 우리가 공부해야 할 방향을 도식화하여 정리해보겠다. 첫 번째는 개념과 개념의 연결이다.

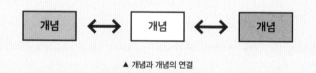

▲ 개념과 개념의 연결

먼저 교과서에서 기본 개념을 각각 익히고 배운 뒤, 직접 문제를 풀어보며 개념을 적용한다. 이를 통해 기출문제를 분석할 때도 교과서의 기본 개념을 활용한 필연적인 풀이를 직접 써 봐야 한다. 다음과 같이 문제에 어떤 개념이 쓰였는지를 다시 보면서 연결한다. 이 과정을 거치면서, 개념을 이용해 문제를 해석하는 데 필연적이고 논리적이었는지를 확인한다.

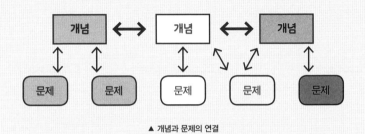

▲ 개념과 문제의 연결

개념과 문제를 연결했다면, 그다음은 문제와 문제를 연결할 차례다. 앞선 단계에서 이미 문제에 어떤 개념이 쓰였는지를 파악했기 때문에 사용된 개념이 비슷한 문제를 찾기는 쉽다. 다음과 같은 구조로 문제와 문제를 연결하며 각 개념을 다시 머릿속에 각인한다.

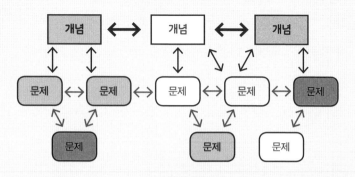

▲ 문제와 문제의 연결

이제 마지막 단계는 문제들 사이의 공통점을 기반으로 하여 다시 개념으로 돌아가서 풀이 방법을 확인한다. 지금부터는 개념과 기출, 그리고 실전모의고사를 접할 때 생각해야 할 도식이다. 이 방식대로 꼼꼼히 연결할 때, 개념과 기출이 유기적으로 연결되고 머릿속에 잘 정리된 상태가 된다.

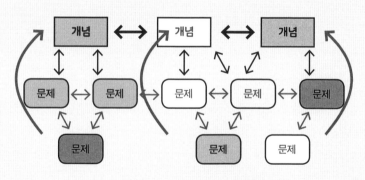

▲ 문제들 사이의 연결에서 개념으로 돌아가기

이로써 기본으로 다시 돌아간다는 말의 의미를 얼추 이해했길 바란다. 정리해보면 공부에서 해야 하는 연결은 3가지이다.

1. 개념과 개념 사이의 연결
2. 개념과 문제 사이의 연결
3. 문제와 문제 사이의 연결

이 3가지 단계를 반복하며 공부한다면, 문제에 적용할 수 있는 기본 실력을 얻게 될 것이다. 비단 시험공부뿐 아니라, 앞으로 계속 사용해야 하는 지식이라면 늘 개념과 문제를 적용하고 정리해야 한다. 이렇게 정리 과정을 거친다면, 배운 지식이 진정한 내 것이 되어 오랫동안 꺼지지 않는 불씨로 작용할 것이다.

게임폐인에서 의대생이 된 인생역전 공부법

합격하는 사람은
단순하게 공부합니다

초판 1쇄 발행 2020년 7월 3일
초판 2쇄 발행 2020년 7월 23일

지은이 이원엽
펴낸이 김선식

경영총괄 김은영
기획 이여홍 **책임편집** 권예경 **디자인** 김누 **책임마케터** 기명리
콘텐츠개발7팀장 이여홍 **콘텐츠개발7팀** 김민정, 김누, 권예경
마케팅본부장 이주화
채널마케팅팀 최혜령, 권장규, 이고은, 박태준, 박지수, 기명리
미디어홍보팀 정명찬, 최두영, 허지호, 김은지, 박재연, 배시영
저작권팀 한승빈, 김재원
경영관리본부 허대우, 하미선, 박상민, 김형준, 윤이경, 권송이, 이소희, 김재경, 최완규, 이우철
외부스태프 구성 정리 박지선 **본문 수식** 윤미정

펴낸곳 다산북스 **출판등록** 2005년 12월 23일 제313-2005-00277호
주소 경기도 파주시 회동길 357 3층
전화 02-704-1724
팩스 02-703-2219 **이메일** dasanbooks@dasanbooks.com
홈페이지 www.dasanbooks.com **블로그** blog.naver.com/dasan_books
종이 ㈜한솔피앤에스 **출력·인쇄** 갑우문화사

ISBN 979-11-306-3047-2 (13370)

• 책값은 뒤표지에 있습니다.
• 파본은 구입하신 서점에서 교환해드립니다.
• 이 책은 저작권법에 의하여 보호를 받는 저작물이므로 무단 전재와 복제를 금합니다.
• 이 도서의 국립중앙도서관 출판시도서목록(CIP)은 서지정보유통지원시스템 홈페이지(http://seoji.nl.go.kr)와
  국가자료공동목록시스템(http://www.nl.go.kr/kolisnet)에서 이용하실 수 있습니다. (CIP제어번호 : 2020025870)

다산북스(DASANBOOKS)는 독자 여러분의 책에 관한 아이디어와 원고 투고를 기쁜 마음으로 기다리고 있습니다.
책 출간을 원하는 아이디어가 있으신 분은 다산북스 홈페이지 '투고원고'란으로 간단한 개요와 취지, 연락처 등을 보내주세요.
머뭇거리지 말고 문을 두드리세요.